Cómo encontrar
pareja

– PAZ TORRABADELLA –

Cómo encontrar

pareja

... y mantener una relación feliz y duradera

Cómo encontrar pareja
© Paz Torrabadella, 1999, 2004

Cubiertas: Enric Iborra & Associats

© **Editorial Océano, S. L., 2004**
Milanesat, 21-23 - EDIFICIO OCÉANO
08017 Barcelona
Tel.: 93 280 20 20*- Fax: 93 203 17 91
www.oceano.com

1ª edición: marzo 2000
2ª edición: octubre 2001
3ª edición: marzo 2004

ISBN: 84-7556-126-8
Depósito Legal: B-6142-XLIII
Impreso en España - *Printed in Spain*
01102031

Índice

Introducción

Este libro va a ayudarte a hacer brotar de tu propio interior el amor que hasta ahora buscabas. Úsalo cada día para cultivar y hacer manar de ti ese fabuloso sentimiento. Cuanto más lo des, más tendrás y más cerca te sentirás de la otra persona. Podrás entregar y recibir, aceptar y ceder sin apegarte, pues ya no lo harás por ti ni por nadie: lo harás porque gozarás de amor en abundancia.

Así, tu nuevo manual práctico te servirá para conocer y conquistar a alguien con quien vivir un amor feliz. Su objetivo es darte unas pautas para que puedas mejorar por ti mismo tus posibilidades reales de encontrar una persona con la que establecer una relación de pareja satisfactoria y duradera, y evitar que cometas errores y sufras la soledad que implica la ausencia de amor.

He comprobado la utilidad del método que expongo en esta obra en innumerables ocasiones, ya que imparto clases a numerosas personas. En mis dinámicas de grupo, que denomino genéricamente *Cómo encontrar tu pareja ideal*, guío a mis alumnos para que aprendan a relacionarse con mayor facilidad y ganen en seguridad y autoestima. Son talleres donde expongo teorías y propongo ejercicios que los alumnos llevan a la práctica en su vida cotidiana. Posteriormente, se explican y analizan las experiencias. Ellos me han convencido de la eficacia implícita de las teorías que he recopilado y de los ejercicios que propongo, ya que he visto aumentar su capacidad para formar parejas satisfactorias.

En cada capítulo encontrarás unos ejercicios **de reflexión**, que puedes practicar a solas, y otros, **de acción,** que requieren que te comportes en la vida de una manera distinta a como lo has hecho anteriormente.

Por muy interesante o útil que te parezca conocer la parte teórica del libro, es conveniente, y muy importante, que practiques los ejercicios, si de verdad tienes el propósito de que éste te sirva para encontrar pareja. Como bien sabes, por más eficaces que parezcan las explicaciones desde el borde de la piscina o desde la orilla del mar, para aprender a nadar es imprescindible lanzarse al agua. Así de sencillo.

Después de las explicaciones y la información teórica de cada capítulo, hallarás los ejercicios correspondientes. Haciéndolos, podrás aplicar los conocimientos que vayas obteniendo con la lectura, para aplicarlos a tu situación personal.

Es preferible que contestes todos los ejercicios por escrito para incorporarlos más profundamente y que vayas anotando la puntuación de cada uno de ellos, lo que es sencillo, pues todas las preguntas que respondas son válidas, sólo cuentan como fallos las que dejes en blanco. Se trata de preguntas que sirven para adquirir o ampliar tu conciencia de cuáles son tus verdaderos sentimientos. Y, es tan fácil... Sólo necesitas un rato al día, una libreta y un lápiz.

¡Ánimo!

LA AUTORA

Capítulo 1

La atracción

No te preocupes de si te aman otras personas.
Eso es problema de ellos.

KEN KEYES

¿Has pensado alguna vez de cuántas personas podrías enamorarte si las llegaras a conocer? Probablemente sí, e incluso has recordado a personas del pasado que hubieran sido capaces de despertar tu romanticismo y compatibilizar realmente contigo, pero que, por diversas circunstancias, no cuajaron.

Para descubrir a la persona adecuada es preciso conocer a bastante gente y, aunque no es mi intención decepcionarte, probablemente más de diez.

Tal como habrás supuesto, cuantas más personas vayas conociendo, mayores serán las posibilidades para encontrar una que sea adecuada para ti. Tus conocidos son, por lo tanto, la materia prima de tu futura felicidad. Así que en este capítulo se enseñará la manera de atraer a la persona que te interesa.

Si preguntásemos a una serie de individuos qué entienden por atraer, veríamos que en sus definiciones citan básicamente dos tipos de factores:

- **El factor activo.** La persona protagonista como sujeto de la acción de atraer, como se expresa en los siguientes ejemplos:

    - Procurar conocerle/a.
    - Querer tratarle/a.

– Contactar con él/ella amablemente.

– Preguntarle datos sobre sí mismo/a.

– Desear atender sus necesidades.

– Interesarse por él/ella.

– Expresar simpatía hacia él/ella

- **El factor reactivo.** El sujeto es pasivo, espera, desea, sueña, que el otro reaccione según sus propósitos, en este caso de seducción, para formar una posible pareja:

– Espera que alguien se interese.

– Espera que alguien intente un juego de seducción.

– Espera obtener una cita con el otro/a.

– Aguarda que la otra persona se enamore.

– Espera que la otra persona acceda a una aventura pasional.

– Procura que sea la otra persona quien proponga mantener relaciones sexuales.

– Procura que la otra persona proponga matrimonio...

Flirtear como juego no implica ningún factor reactivo, sino únicamente activo. Al abordar a una persona de otro sexo, sin fijar de antemano una respuesta, ya se está iniciando el acto de atraer. Cuando, por el contrario, se actúa habiendo decidido ya, que lo que queremos es que se convierta en nuestra pareja y con el fin de que la otra persona reaccione en ese sentido, estamos seduciendo.

Es importante distinguir la diferencia entre estas dos actitudes, porque una vez que se tiene claro qué es **atraer** y qué es **seducir**, podemos hacer lo primero, sin preocuparnos de:

- **Extralimitarnos.** Si no se persigue ningún objetivo, si no se tiene el propósito de que el otro actúe de determinada manera, sino que simplemente se le aborda amigablemente y por simple curiosidad, es imposible tener una conducta ridícula, descortés, atrevida, inadecuada, impertinente o que mueva al desprecio. Siempre resultará correcto abordar a un desconocido del otro sexo con el único propósito de conocerle más.

- **Correr riesgos.** Al carecer de expectativas sobre cómo debería reaccionar el otro, –amándote, cayendo a tus pies, persiguiéndote insistentemente–, es imposible sentirse decepcionado.

Nuestra seguridad afectiva se mantiene a salvo mientras se aborda a una persona del otro sexo simplemente para profundizar en el grado de conocimiento que de ella tenemos.

De modo que, si convenimos y aceptamos que el intento de atraer es acercarse a otro para conocerle mejor y nada más que eso, aun en el caso de obtener un rechazo, jamás sentiremos frustración, ya que nadie puede ver frustradas unas expectativas de las que carece.

Además de ser un juego, como antes se señalaba, seguro, y, desde luego, divertido, intentar atraer al otro permite:

- Ampliar la red de conocidos.
- Practicar nuestras habilidades sociales.
- Aumentar la «cantera» de gente entre la que podamos escoger una persona para, si nos interesa, conquistarla.

¿Cómo? El autor Frank Andrews, trata exhaustivamente el tema en su obra *El libro del amor*, del que extraemos una serie de ideas que pueden servirnos de inspiración.

Explica que no es preciso esperar a que se nos cruce alguien que nos deslumbre desde el primer instante para actuar, ya que las personas que merecen ser amadas no siempre tienen por qué ser especialmente atractivas. La metáfora empleada por este autor es significativa: «*No se necesita un pura raza para disfrutar, también se puede ser feliz acariciando a un perro callejero*».

Asimismo, no deja lugar a dudas sobre lo que más frecuentemente depara la realidad, señalando que el enamoramiento repentino y descontrolado es raro que ocurra o sucede en muy escasas ocasiones, lo que debe contemplarse como una ventaja, porque permite apreciar a la gente de forma consciente, voluntaria y un poco más objetiva.

Otra interesante reflexión está dirigida a que tratemos de descubrir lo que hay de positivo en las personas que vamos conociendo, ya que, en ocasiones, podemos disfrutar más de un cuadro anónimo que de una pintura de un autor consagrado.

Observar y aprender de la conducta de personas que creen que para amar hace falta alguien especialmente digno de estima es útil, según Frank Andrews, porque, sin duda, veremos cómo se convierten luego en víctimas de las limitaciones que se han autoimpuesto. Estimar a un mayor número de personas no oscurece nuestra capacidad de elección y tampoco nuestras preferencias, sino que, muy al contrario, afina la primera y enriquece las segundas.

Sólo apreciando las cosas buenas de cada uno, puede verse lo maravillosa y digna de interés que es cualquier persona corriente y, para ello, es preciso tener una actitud abierta. Hacerlo así, supondrá fortalecer nuestros criterios y predilecciones; sabiendo en todo momento lo que se quiere y lo que se rechaza. El único cambio, indudablemente positivo, es que se habrá enriquecido nuestra vida incorporando a ella el sentimiento de aprecio.

El objetivo del ejercicio siguiente es comprobar en la práctica las ideas sobre las que teoriza Frank Andrews. Comprobar por nosotros mismos que no sólo son dignas de ser amadas las personas especialmente atractivas, o las que se etiquetan como singulares. La gente corriente, con la que tratamos a diario, puede ser agradable y objeto de nuestro amor. Pensar lo contrario es limitar nuestras posibilidades y, en muchos casos, perseguir una quimera que no alcanzaremos jamás, pues de una quimera se trata.

EJERCICIOS DE REFLEXIÓN

1. ¿Cuáles son las tres personas que más te interesan y por qué razón? (Cita para cada una el nombre y el motivo).
2. ¿Qué tipo de personas prefieres? (Descríbelas según cinco características por orden de importancia).
3. Convierte las características que has citado para cada una de las personas en una conducta concreta o en un rasgo visible que se exprese en la práctica. Para realizar correctamente este ejercicio, puedes guiarte por el ejemplo que se ofrece a continuación:

   Característica: persona cariñosa.
   Conducta concreta: da besos.
   Rasgo visible: siempre sonríe.

   En cambio sería incorrecto contestar:

   – «Es amable» (¿cómo «se ve» que son amables?).
   – «Tiene dulzura» (¿cómo «se ve» la dulzura?).

   Para reforzar el criterio, al realizar el ejercicio, piensa que son respuestas correctas aquellas que si hicieras una fotografía de la persona durante el acto que describes, obtendrías una prueba innegable del mismo.
4. Establece un promedio, intentando una cuantificación razonable, de cuántas horas has de tratar a un desconocido para saber si tiene las conductas y/o rasgos que le has atribuido. Concede un espacio de tiempo aproximado para cada una de ellas.

Si vivimos pensando que alguien, para ser amado, necesita ser especial, este principio también se nos aplicará a nosotros. De modo que, si no somos «especiales» o atractivos, no seremos dignos de ser amados. ¿Realmente queremos ser medidos así? O, sencillamente, deseamos estar firmemente instalados en la realidad y que, con nuestros aciertos y errores, nuestros rasgos positivos y nuestras limitaciones, los demás nos aprecien y nos amen. Si esta última es nuestra conclusión, actuemos como lo expresa un proverbio chino: «*No esperes a tener sed para ponerte a cavar el pozo*».

EJERCICIOS DE ACCIÓN

1. ¿En qué ocasiones diarias puedes entablar más contacto con personas del otro sexo? (Cita cinco respuestas).

2. ¿Cuál sería la forma más natural de iniciar una apertura de tu interés por ellas? (Cita cinco respuestas).

Una vez respondidas por escrito las preguntas anteriores, redacta en tu libreta un plan de acción para llevar a la práctica una conducta de apertura con las personas que has descubierto que te interesan. Establece con claridad con **cuál** o cuáles vas a practicar regularmente, **dónde** lo harás, en **qué** momento y **cómo.**

Esta práctica tiene como objetivo superar limitaciones y preconceptos que todos tenemos en alguna medida. Entre ellos, los más frecuentes son: las diferencias de edad, el aspecto físico, el «que dirán», las diferencias socioculturales o socioeconómicas, etcétera.

Al realizar regularmente este ejercicio aprenderemos que ninguno de estos factores es obstáculo para que dos personas se entiendan, aunque *a priori* parezca que los separa cualquiera de las razones antes citadas y que son producto de ideas erróneas que nos han inculcado durante nuestra educación, o que hemos adquirido en nuestra evolución partiendo de premisas falsas o cargadas de prejuicios. Además, ejerciendo abiertamente esta actitud, adquirirás soltura, confianza y seguridad, lo que te abrirá muchas más puertas y más corazones de los que puedas imaginar. ¡Adelante! Empieza ahora mismo, es mucho lo que hay en juego.

Capítulo 2

Lo que se necesita para atraer a alguien

Jamás me he encontrado con una persona que no me agradase.
STEWART EMERY

Si atraer es abordar a otra persona con el único propósito de conocerla más, para establecer un primer contacto, lo primero que se ha hacer es centrarse en actuar, sin esperar reacciones. Esto implica una actitud de apertura hacia los demás y proporciona la vivencia del primer contacto como algo adecuado e inofensivo, que ofrece posibilidades y ningún peligro. De esta forma, interesarse por el otro es como un juego donde sólo se necesita tener un punto de partida o algo en común con cierta persona.

Piensa en tu pasado y recuerda, ¿qué aparece ante ti? Escenas y situaciones compartidas con personas, en diversos lugares. Cada uno de estos recuerdos son como joyas almacenadas en la memoria. Un día plenamente vivido puede deparar muchas de esas joyas. Otro, por el contrario, en que simplemente se haya dejado pasar el tiempo.

El día que pasa, no vuelve, abrir los sentidos y disfrutar completamente las vivencias que nos depare lo cotidiano es el verdadero significado de vivir. La vida no está hecha para verla desde la ventana. Nadie viene a llamar a tu puerta porque sí. Además, estar vacío te vacía, al igual que tener dinero te enriquece. Llevar una vida sin motivaciones –pobre en intereses–, te empobrece a ti mismo.

Por el contrario, si te interesas por las personas y las cosas, te será fácil encontrar por todas partes oportunidades para establecer contactos. Cuantos más intereses seamos capaces de desarrollar, más fácil nos será contactar con otros. Además, al interesarnos por las cosas y las personas hacemos un ejercicio que fortalece nuestra autoestima, lo que es igual a valorar nuestro yo, porque aceptamos y respetamos la realidad. Un cierto grado de autoestima, otorga un sentimiento de autocompetencia que nos permite iniciar las relaciones sólo por el interés que tienen en sí mismas.

Iniciar el contacto

Las personas están ahí mismo, a tu alrededor, las puedes ver, pero hasta que tú no las miras, y ellas se dan cuenta de que lo haces, es como si no estuvieran. En las grandes concentraciones humanas es donde la gente puede llegar a sentirse más sola.

La proximidad física no implica necesariamente proximidad psicológica, y sin un acercamiento psicológico, no hay proximidad significativa. Personas que podrían hacerse felices mutuamente, que tienen muchas cosas en común se codean cada día, en cada espacio de las grandes urbes como, por ejemplo, en un medio de transporte público y se preguntan cosas tan sencillas como: «¿baja?», se contestan con un breve gesto, y pierden el contacto para siempre.

Evidentemente, si se tiene un interés común pero no se habla de ello, la otra persona no puede adivinarlo. Y la ocasión pasa, cuando podría haberse dado un interés común.

Piensa en todas las personas que conociste y recuerda la primera frase que intercambiasteis; probablemente ya esté olvidada, pero la persona, no. Esto equivale a un rótulo que leí cierta vez, en una lujosa tienda de bolsos: «*El precio se puede olvidar, la cali-*

dad no». El precio en este caso es mínimo: estar atentos, recepti-vos, interesados en iniciar contactos, tomar la decisión de pre-guntar algo, sonreír, guiñar un ojo...

En resumen: para atraer a los demás sólo necesitamos dos cosas :

- Demostrar interés por las personas y las cosas, lo que supone mayor autoestima.
- Pagar el precio de iniciar el contacto.

Aumentar el campo de acción

Hay muchas formas de mostrar interés e iniciar el contacto pero, como resulta obvio, para encender un fuego, lo primero que necesitamos es una chispa. Al practicar el trato con la mayor cantidad posible de personas, cultivamos nuestra manera personal de establecer relaciones con los demás. Hay que apre-ciar las charlas triviales, son necesarias y suponen una forma de respetar el modo de ser de los demás. A un desconocido sólo podemos aproximarnos con cautela, pero es de los contactos superficiales de donde surgen las relaciones profundas. En ellas es posible experimentar y aprender estrategias para acercarnos a los demás.

A continuación se reseñan estrategias indicativas de interés hacia otras personas:

- Estima intencionadamente al otro.
- Dedica el tiempo en que estéis juntos a prestarle tu atención.
- Envíale aprecio silenciosamente.
- Mírale a los ojos, sobre todo cuando estés hablando tú, pero también, cuando lo haga él/ella o en el momento en que am-bos permanezcáis en silencio.

A continuación, mostramos la manera más adecuada de establecer comunicación:

- Di lo que piensas y, sobre todo, informa de tus sentimientos.
- Comparte los triunfos. Un triunfo puede ser cualquier cosa si tú así lo crees. Si lo haces, buscarás regularmente la parte positiva de tus experiencias.
- Pide lo que desees o necesites en lo que se refiere a actos de aprecio.

Cómo mostrar buena disposición:

- Advierte, escucha o pregunta qué es lo que quiere la otra persona de ti.
- Acércate a ella como si acabaras de conocerla.
- Cuando estéis juntos, repite calladamente pensamientos que subrayen vuestras semejanzas y refuercen el hábito de vivir la intimidad, tales como: «Estás conmigo», «Eres como yo»...

Hay muchas formas de mostrar interés e iniciar el contacto y como bien dijo Bruce Spreengsteen: «para encender una llama, has de extraer una chispa».

El escritor Frank Andrews ha reflexionado acerca de cuál es la esencia de un amor intencionado, concluyendo que es aquél en el que se elige voluntariamente a una persona para amarla. En primer lugar, señala, asumir la actitud de prestarle atención a determinada persona en lugar de hacer cualquier otra cosa, denota que es lo que más nos importa en ese momento. Si hacemos el ejercicio de acercarnos a ella como si ya la apreciásemos, prestándole toda nuestra atención, podremos aprender a quererla de verdad.

La importancia del tema de las relaciones humanas ha hecho que otros muchos autores hayan discurrido sobre esta idea, cada uno desde ángulos diferentes, aunque igualmente interesantes, y que merecen citarse para incorporar su espíritu a nuestra personalidad. Krishnamurti preguntaba: «¿Has mirado a alguien alguna vez a la cara verdaderamente?». Una buena pregunta para hacernos cada día. Will Rogers, por su parte, concluye que el sabio es «el que aprende de todas las personas» y Stewart Emery sostiene que, «al elegirte a ti mismo, estás eligiendo a la gente».

Todas ellas son reflexiones de gran ayuda y ponerlas en práctica nos sitúa en la buena senda para atraer y sentirnos atraídos por los demás. Por eso, mi recomendación es que ellas presidan nuestro modo de relacionarnos.

El objetivo del siguiente ejercicio es que inicies el camino del autoconocimiento y que te comprometas a desarrollar uno de los aspectos del tercer punto, para ampliar tu campo de interés y de acción, y aumentar el número y la calidad de tus relaciones; un paso muy importante para conseguir atraer a alguien.

EJERCICIOS DE REFLEXIÓN

1. ¿Cuáles son las tres cosas que más te interesan?, ¿y las tres que menos te interesan?
2. ¿Cuáles son las razones por las que te interesan cada una de las cosas que has señalado en dicha categoría?
3. Busca un aspecto especial por el que podría despertar tu curiosidad, asombro o interés, cada una de las cosas que has calificado como no interesantes.

EJERCICIOS DE ACCIÓN

1. ¿Qué aficiones más bien propias del otro sexo consideras atractivas? (Cita de tres a cinco).

El objetivo es seleccionar una actividad de las anteriores para realizar un acercamiento al sexo opuesto.

Estudia cómo puedes obtener información sobre dicha afición, por medio de personas conocidas, asociaciones, revistas, tiendas especializadas, Internet, y consigue un contacto con alguien del sexo opuesto que la practique, para compartirla.

Cualquiera que sea el resultado de tu intento será positivo. En el caso de tener éxito y establecer una relación amistosa o incluso una de mayor intensidad afectiva, habrás triunfado en tu propósito. En caso contrario, habrás adquirido seguridad por haber aprendido «a romper el hielo», lo que contribuirá a incrementar en mucho tu autoestima. ¡Buena suerte!

Capítulo 3

Ser interesante e interesarse. La relación entre autoestima y estima

Aumentar la confianza en uno mismo es el camino para flirtear como un profesional.

Marie Papillon

El autor Pat Rodegast propone que, durante diez minutos al día, nos contemplemos a nosotros mismos como si fuéramos divinos y tuviésemos la misión de esparcir luz a nuestro paso. Contemplarnos repartiendo luz sin inmutarnos, sonriendo, creyendo en la paz y en la alegría, para descubrir que son contagiosas.

Ya se ha dicho que para conocer a la persona ideal deben conocerse muchas más y el modo de lograrlo es abrirse a ellas en calidad y cantidad, conscientes de que se las aborda para ello y con ése único propósito, el de conocerlas. Para hacerlo se necesitan básicamente dos cosas: tener interés en lo que vamos a intentar, (un interés compartido) y tomar la iniciativa real de acercarse. Analicemos la primera de estas dos condiciones.

Estima, el interés por lo que nos rodea

La parte más importante de encontrarse a gusto, satisfecho y orgulloso con uno mismo, es la disposición para abordar a los demás de una forma más abierta e interesada.

Por emplear una metáfora, podemos decir que, conduciendo con prisa, sufriendo problemas mecánicos en nuestro vehículo, o sintiéndonos descontentos por algún problema, las personas pensamos que nos tenemos que abrir paso entre un montón de coches molestos, conducidos por seres hostiles.

Por el contrario, para sentir que se es parte de un mismo proyecto y que se debe cooperar, es necesario que cada uno se sienta mínimamente en paz. Y sólo percibiendo ese bienestar puede surgir el objetivo común, un interés compartido por algo, ya sea el arte, el deporte, una misión filantrópica, ecológica, etcétera, que genere un vínculo.

La relación entre sentirse interesante y atraer

Cuando alguien se siente bien consigo mismo, esto se proyecta hacia los demás, les hace sentirse mejor, y quieren permanecer cerca de la persona que experimenta ese bienestar. Esta actitud mejora con la práctica: si «flirteamos» con todas las personas con las que entramos en contacto, vamos adquiriendo maestría.

- La persona que se siente bien, goza de un estado de ánimo positivo que se comunica y se contagia. Quienes las rodean tienden a pensar que son ellas la causa de dicho estado positivo y se sienten bien por ello. Esto se traduce en que les gusta su compañía.
- Quien se siente bien consigo mismo, suele atraer a las personas, adquiere práctica en hacerlo y se siente cada vez más cómodo conociendo gente nueva.

Para poner en marcha esta rueda hay que creer en uno mismo. Se puede tener mucha educación, cualidades, conocimientos, pero si no se demuestran nadie los notará. El «flirteo» puede aumentar la confianza de cada persona actuando de la manera más simple; basta con mirar, guiñar un ojo, sonreír... Siempre que alguien responda a estos gestos, nos sentimos bien. Si se van probando distintas técnicas se aumentará la confianza en uno mismo, en las propias habilidades, y nos sentiremos más a gusto en compañía de la gente. «Flirtear» o intentar atraer es una forma de expresión amplia que va desde un cumplido a un compañero hasta decirle a alguien lo amable que ha sido, pasando por otros muchos pequeños detalles que hacen que uno mismo se sienta mejor. Así que, independientemente de las reacciones que obtengamos, al «flirtear», siempre cultivamos la confianza en nosotros mismos.

El amor propio y la fe en nuestro atractivo personal se estimulan «flirteando», una forma estupenda de comunicarse, que además amplía el campo de las relaciones sociales.

La autoestima, conocer las propias cualidades y evaluarlas con realismo

Seguro que conoces personas que siendo físicamente agraciadas pasan inadvertidas, y viceversa, personas muy comunes que consiguen ser vistas como muy favorecidas. ¿Crees que estas últimas se consideran feas?

Incluso algo tan real y condicionado genéticamente como ser bien parecido supone en buena parte ejercer una acción. Hay maneras de peinarse, maneras de mirar, de moverse, de bajar la vista, y maneras de sonreír, que resaltan la belleza. Y otras, que la ocultan.

Lo que convierte a alguien en interesante y atractivo son sus cualidades. Una **cualidad** es una habilidad interior que debe mostrarse a través de una acción, a diferencia de una posesión material o un título que se ven objetivamente. Cuando una persona es consciente de sus cualidades, puede apreciarlas, y aprender a resaltarlas. Para confirmar cuáles son tus cualidades piensa en si experimentas las siguientes sensaciones:

- **Satisfacción,** es el agrado por actuar en cierto sentido: «Me gusta hacer algo».
- **Facilidad,** sentir que es muy sencillo hacerlo: «Siempre supe cómo hacerlo, es innato en mí».
- **Excelencia,** consciencia de que se obtienen muy buenos resultados: «Me luzco haciéndolo».

Se pueden amortizar mejor las propias cualidades centrando la visión de uno mismo en ellas, es decir, concienciándose de que realmente se poseen y practicándolas en todas las ocasiones posibles, el máximo número de veces, buscando el mejor momento para disfrutar a la hora de llevarlas a cabo. Es algo que nadie hace por otra persona.

Las cualidades ignoradas permanecen en el olvido más absoluto. Al fin y al cabo, un genio es simplemente alguien que descubrió y ejerció su mejor cualidad.

Te proponemos que, una vez que has incorporado las descripciones anteriores, vuelvas a leer los primeros párrafos de este capítulo en que hacíamos referencia a un texto del autor Pat Rodegast.

Una vez que te veas a ti mismo como sugiere Rodegast, compáralo con el siguiente fragmento del magnífico poeta Gustavo Adolfo Becquer:

¡Ay! pensé,
cuantas veces el genio,
así duerme en el fondo del alma,
y una voz como Lázaro espera que le diga:
Levántate, y anda.

También desde estas páginas te recomendamos que te levantes y andes, y que lo hagas con la actitud de sentirte divino y capaz de esparcir la luz, tal como recomienda Rodegast. Pero, para ayudarte a dar los primeros pasos, dispónte a realizar los siguientes ejercicios.

EJERCICIOS DE REFLEXIÓN

1. ¿Cuáles son las cosas que te hacen sentir más orgulloso de ti mismo? (Cita cinco).
2. Traduce cada una de ellas en términos de cualidades.
3. ¿De qué forma concreta puedes demostrar a los demás tus cualidades? (Cita tres por cada cualidad).

El objetivo del ejercicio anterior es que seas consciente de tus cualidades, porque si antes no las percibes tú, no podrás actuar expresándolas ante los demás para atraer su interés. Recuerda que poner por escrito las ideas, las aclara.

EJERCICIOS DE ACCIÓN

1. Queda con una amiga/o en quien confíes. Pídele que conteste las siguientes preguntas sincera y directamente (que lo haga primero por escrito y luego lo complete de forma verbal):
   a) ¿Qué es lo que más aprecias de mí y que es lo que menos te gusta? (Di cinco cosas de cada tipo).
   b) Si pudieras cambiar algo en mí, ¿qué sería?
   c) ¿Qué te llama la atención de mí, que crees que yo no advierto?
   d) Si te pidiera consejo acerca de cambiar algo en mi estilo de vida, ¿qué me recomendarías?
2. Intenta, –en los próximos días–, mostrar interés por una persona desconocida del sexo opuesto que no consideres atractiva. Antes, trata de recopilar el máximo de información sobre ella.

Con el ejercicio de acción anterior, conseguirás una mirada objetiva pero afectuosa, ya que en muchos casos, somos los últimos en advertir la imagen que ofrecemos a los demás. Pedir ayuda es muy positivo en este aspecto.

Este segundo ejercicio puede ser revelador. En muchos casos descartamos una relación *a priori,* y nos quedamos con la primera impresión que tenemos de una persona, rechazando profundizar los vínculos con ella. Dicha impresión, como suele suceder con frecuencia, puede ser incorrecta y nos estaremos cerrando una puerta. En cambio, actuando sin prejuicios, insistiendo en profundizar a través de un legítimo interés, podemos descubrir un tesoro encerrado, o la persona cuya conquista valdría la pena.

Ten por seguro que puedes hacer todo aquello que describe este capítulo como placentero. En primer lugar, seguro que tienes más de una cualidad que te hace diferente a todos e interesante para los demás. Muéstrala, practícala, disfruta de la confianza de sentirte bien, recogerás los frutos de inmediato. La gente querrá gozar de tu compañía. Atraerás como un imán. Y, en segundo lugar, abre tu mente y actitud hacia otros con libertad y audacia. Ellos están ahí como tú lo estás. A la espera de ser descubiertos y de descubrirte a su vez. No te pierdas esta maravillosa aventura que es relacionarte con los demás.

Capítulo 4

Iniciar el contacto.
Cómo abrirse

Si quieres ser amado, ama.

SÉNECA

Si para atraer sólo se necesitan dos cosas: interés, que ya hemos analizado en páginas anteriores, e iniciar el contacto, a continuación se desarrollará el segundo factor que resulta asimismo imprescindible. ¿Qué implica iniciar el contacto? ¿Cómo podemos hacerlo con un máximo de eficacia y satisfacción? ¿Qué es lo que puede impedirnos hacerlo?

¿Qué diferencia hay?

Digamos que «iniciar el contacto» es a «abrirse» como lo que «dar al contacto» de un coche es a «conducir». Es una parte pequeña, que parece poco importante, pero es imprescindible y forma parte de todo un procedimiento mucho más complejo, con un sentido y una eficacia trascendental: el que supone ser la persona que conduce el vehículo. Si alguien se limita a iniciar el contacto y no continúa, los posibles resultados abortarán rápidamente, a no ser que tenga lugar una rara circunstancia.

Por el contrario, si se procura iniciar una apertura, los resultados nos llevarán mucho más lejos. Iniciar el contacto es realizar un gesto de aproximación. Mientras que, abrirse, representa un procedimiento global, más importante y efectivo que implica:

– Dirigirse a alguien (iniciar el contacto).
– Conocerle más.
– Dejar que te conozca más.
– Desarrollar algún tipo de comunicación, verbal y no verbal.

¿Cómo podemos iniciar la apertura?

Iniciar la apertura es emitir una serie de mensajes, no sólo uno, que impliquen una comunicación abierta hacia la persona objeto de nuestro interés, en una determinada situación. La apertura es una actitud psicológica que se transmite a todos los niveles de comunicación, verbal y no verbal:

– Expresión facial   – Distancia física
– Miradas   – Indumentaria
– Gestos   – Tono de voz
– Aspecto corporal   – Mensaje verbal

Como podemos observar en la enumeración anterior, la mayor parte del mensaje de apertura ya está emitido antes de abrir la boca. Los seis primeros puntos de la enumeración se perciben a simple vista, y esto es así porque el mensaje principal eres tú mismo. Si a todos estos niveles emites un mensaje sincero de apertura, la persona a la que te diriges se siente realmente especial, interesante y muy bien.

¿Qué impide que nos abramos si alguien nos interesa?

La timidez ha sido definida como la emoción que combina miedo e interés hacia un objeto social. La timidez es la más positiva de las emociones negativas (miedo, odio, vergüenza), pues combina dos vertientes, una positiva y otra negativa. La timidez ante una persona que nos interesa, pero de la cual «tememos» una reacción negativa, procede de las interpretaciones que hacemos de la situación.

Las interpretaciones son aquello que nos decimos a nosotros mismos y que pueden ser modificadas, en el caso de decidir el modo de interpretar una situación. Se trata de un criterio opcional y podemos optar por actuar tímidamente o no.

¿Qué interpretaciones promueven la timidez? Los pensamientos que se centran en la reacción negativa de los demás. El individuo adopta una actitud tímida cuando cree sentirse rechazado.

Veamos un ejemplo concreto: una persona ha sido invitada a una fiesta y realiza ante los demás invitados unas interpretaciones autorreferentes, es decir, se siente tímida. Pero, otra vez, decide hacer interpretaciones referentes a los demás, lo que equivale a sentirse sociable.

Diferentes interpretaciones de una misma situación

Persona tímida	Persona sociable
(Se centra en la impresión que causará en los demás).	(Se centra en la impresión que los demás le causarán).
• Verán que soy tímido.	• Conoceré gente nueva.
• Notarán que tengo muchos defectos físicos.	• Espero encontrar personas atractivas y guapas.
• No se me verá desenvuelto.	• Seguramente sabrán conversar sobre cosas interesantes.
• Puedo parecer ridículo.	• A ver si puedo divertirles, reírme y pasar un rato agradable.

Cómo no quedarse al margen

Al iniciar el conocimiento de una persona es común enfrentarse al miedo al rechazo. Esto es algo basado en complejos remotos, que uno mismo insiste en creer. Si, por ejemplo, se colocan en un acuario dos peces –y uno de ellos pertenece a una especie que habitualmente devora a la otra– separados por un cristal, de modo que cada vez que el grande intenta comerse al pequeño se golpea contra dicho cristal, con el paso del tiempo, el pez grande ya no se acercará al pequeño. Y así seguirá actuando aunque se retire el cristal de separación. Este ejemplo sirve para señalar que una experiencia negativa del pasado puede continuar influyendo en la vida de alguien durante años y años, limitándole en sus posibilidades de una manera completamente absurda.

Para conocer gente nueva, no basta con iniciar conversaciones, es necesario saber cómo mantenerlas, hacer que continúen, incorporando la realidad de cada momento.

Una forma de lograrlo es aprender a formular las preguntas correctas. Estas son las que tocan temas sobre los que el interlocutor desea hablar y que, además, tiene que contestar mediante frases completas. Las preguntas que se pueden contestar con simples monosílabos, son las menos indicadas para prolongar una conversación y desarrollarla. Por ejemplo, en lugar de preguntar: «¿Has visto la película, *Qué bello es vivir?*», debe preguntarse: «¿Qué te pareció la película, *Qué bello es vivir?*». Las contestaciones del otro son información valiosa para seguir planteando las preguntas adecuadas, ésas que nos llevan a conocer los sentimientos de la persona. Las preguntas ideales son las que exigen al otro una respuesta muy personal, que implica expresar su propio punto de vista. El arte de hacer buenas preguntas es como el de resolver enigmas, se trata de comprender lo que realmente preocupa a la otra persona, lo que realmente es, para llegar a conocerle a fondo. Y mientras estamos investigando este extremo, es imposible sentir miedo ante su reacción.

EJERCICIOS DE REFLEXIÓN

1. Piensa en alguien del sexo opuesto que te interese conocer más. Imagínate que ya has pasado a la acción, y supón la peor situación posible. Escribe, a continuación, las cinco reacciones inmediatas más terribles que crees que podría tener esa persona. (Exagera todo lo posible).

2. Para cada una de esas reacciones, escribe cuáles serían las consecuencias reales constatables (los perjuicios que podría cubrir un seguro, no los subjetivos. Si no ves ninguna consecuencia constatable, deja en blanco la respuesta).

3. Subraya en la pregunta anterior todas las consecuencias de las que tendrías tú la responsabilidad y no la otra persona.

4. Comenta, para cada una de las cinco opciones de la primera pregunta, lo que razonablemente estimas que cabría pensar de esa persona, si dicha reacción tuviera lugar.

5. Vuelve a trabajar sobre la primera pregunta y ajusta tus anotaciones, concediéndole un porcentaje de probabilidades a cada reacción de la que has imaginado que pudiera realmente tener lugar.

6. En el primer ejercicio has anotado cinco interpretaciones centradas en la reacción que pueda tener otra persona hacia ti (autorreferente, timidez). Ahora, haz lo contrario: interpretaciones centradas en la reacción que puedes tener tú ante la otra persona (referente, sociabilidad), si la conocieras más. Por ejemplo, imagina que descubres que dicha persona tiene halitosis (mal aliento).

7. Haz una lista de cinco personas que hayas conocido y que despertaban en ti cierta timidez. Explica, para cada una, la evolución de tu concepto de ellas; lo que suponías antes de tratarlas asiduamente y lo que descubriste después. Lo puedes hacer utilizando un recuadro como éste:

Nombre de la persona	
Lo que me pareció antes de tratarla	Lo que descubrí cuando la traté

Estos ejercicios te servirán para ver con claridad que, cualquiera que sea la reacción que pueda tener otra persona ante ti, aun la más hostil, no es nada terrible ni mucho menos se trata de una conducta que puedas generalizar a todo el mundo. Es, simplemente, una reacción de una sola persona. Y el mundo está lleno de ellas.

En segundo lugar, aprenderás a ejercer en la práctica tu capacidad y tu legítimo derecho a actuar de forma tímida (autorreferente) o sociable (referente), según te parezca adecuado ante cada situación y persona. Por último, buceando en tu propia experiencia, verás que la primera impresión no siempre es la válida, porque la imagen de las personas se va modificando y adquiriendo su dimensión real, a medida que las vamos conociendo. Y esta premisa puede hacer que decidas cambiar tu actitud de timidez por una más sociable y audaz, de la que obtendrás mejores resultados.

EJERCICIOS DE ACCIÓN

1. Para cada uno de los siguientes canales, escribe en una sola frase, cómo puedes transmitir mucha más apertura:

– Expresión facial	– Mirada	– Gestos
– Postura corporal	– Distancia física	– Proximidad espacial
– Indumentaria	– Tono de voz	– Mensaje verbal

Objetivo. Dedica una jornada –preferentemente festiva–, a emitir los mensajes de apertura de estos canales al mismo tiempo, al mayor número de personas posibles. Hazlo sólo para observar objetivamente todas las reacciones que aprecies en los demás, ya te parezcan «raras» o «diferentes hacia ti», y regístralas en tu memoria.

Por experiencia, puedo decirte que con tu actitud estarás poniendo en marcha reacciones que, lejos de ser raras, serán muy positivas y eso será muy beneficioso para tu afirmación personal. Tu actitud extrovertida abrirá puertas en los demás. Tenlo por seguro, aunque siempre puede haber excepciones. Por lo demás, suceda lo que suceda, habrás adquirido un importante capital para emplear más tarde, en todo tipo de relaciones sociales.

La escritora Marilyn Hamel relata una anécdota significativa de cómo a veces la falta de elocuencia y comunicación, es decir, los fallos de apertura pueden tirar por tierra una relación prometedora. Un hombre y una mujer se encuentran para almorzar y ella se va sintiendo cada vez más molesta y despreciada porque el hombre mira hacia todos lados sin cesar y jamás dirige la vista a su compañera de mesa. Finalmente, ante la llegada de una hermosa mujer morena al restaurante que se dirige con decisión hacia la mesa en que estaban sentados, el hombre se levanta con presteza y alegría. Casi desesperada, la mujer que está comiendo con él está a punto de marcharse, cuando oye que, aliviado, el hombre agradece a su secretaria, la hermosa morena, que le haya traído sus gafas, mientras realiza este elogioso comentario hacia su compañera: «Gracias, sin mis gafas no puedo contemplar a esta bella mujer con la que estoy comiendo».

En otros casos, nosotros mismos saboteamos nuestras posibilidades de relación y de aprecio de los demás por intentar a toda costa aparecer fuertes cuando somos vulnerables. ¿Acaso ante las debilidades ajenas actuamos con desprecio? ¿Verdad que no? Lo más común es que nos sintamos identificados con la fragilidad humana y que nos solidaricemos con ella para amparar a los desvalidos y a los que se sienten frágiles ante determinadas circunstancias. Muchas veces, el aliento de los demás es lo que nos ayuda a conseguir el éxito. Roger Ailes, consultor en comunicaciones, confiesa haber aprendido una lección durante su presencia en un recital de la estrella Judy Garland, cuando ésta ya vivía sus años de decadencia profesional, su voz había mermado y su salud era frágil. Sin embargo, en el *Carnegie Hall*, intentó dar todo de sí al cantar. El público, cercano a las tres mil personas, sólo veía la gran humanidad de la artista y parecía estar rezando para que alcanzara el triunfo una vez más. Judy lo percibió y, en efecto, consiguió su objetivo.

Es importante aceptarnos y amarnos como somos y con todo lo que somos, nuestras fuerzas y nuestras limitaciones, porque sólo así comprenderemos las de los demás y ellos, las nuestras. La vida es un don grandioso, dice Merton, no sólo por lo que nos dan, sino por el bien inmenso de permitirnos dar a los otros.

En cuanto al tema central de este capítulo, la actitud de apertura e inicio de contacto piensa que, como señala el actor Alan Alda, «los hombres y las mujeres no se mezclan bien, como el aceite y el agua, por eso hay que estar agitando continuamente, si no, se separan». No permitas que la timidez o las primeras impresiones te separen de los demás. Ahí fuera hay un mundo que agitar, un contacto para poner en marcha el vehículo que te conduce hacia la felicidad que proporciona una pareja adecuada, un amor dichoso.

Capítulo 5

Las actitudes

Al elegirte a ti mismo, estás eligiendo a la gente.

ALBERT ELLIS

Una vez ampliadas las posibilidades de mejorar la relación con otras personas, encuadrando el «flirteo» como un acto de curiosidad general, carente de segundas intenciones, habrás comprendido que equivale a una acción basada en tu interés por los demás y sentirás mayor libertad para comunicarte con quienes desees.

En la práctica, esta nueva manera de pensar y de actuar en relación a las personas, implica un cambio que afecta a tus costumbres y por lo tanto repercute en toda tu vida. Además de conseguir conocer a ciertas personas concretas, serás capaz de conocer a cualquiera que te pueda interesar. Se trata de un camino flanqueado por muchas puertas que puedes abrir según sea tu voluntad. ¿Cuál es la actitud para mantener esta cantidad de oportunidades?

Conocer tus propias actitudes

Tus actitudes se basan en ciertas ideas que tienes prefijadas, a menudo sin ser consciente de ello, y que condicionan tus actos:

- A quiénes te diriges y a quiénes no.
- Cómo te diriges a los demás.

- Cómo interpretas lo que sucede al tratar con otros. Esto influye en el primer punto de esta serie, de tal forma que una vez establecida una actitud tiende a autoconfirmarse. Por ejemplo, como me considero fea, me oculto. Como no me ven porque me oculto, no me hablan. Y si no hablan pienso que es porque soy fea.

Las relaciones con otras personas, todo lo importante que nos sucede, está condicionado por nuestras actitudes. Si logramos mantener la actitud adecuada también con la gente, sobre todo con las personas que nos atraen, estaremos siendo terreno fértil para que crezca fácilmente la amistad. El filósofo Teilhard de Chardin decía en este sentido: «Las personas de la calle me estorban porque choco con ellas como posibles rivales, en cuanto las vea como compañeras en la lucha, las apreciaré».

¿Qué actitudes ayudan a desarrollar más y mejores relaciones?

Las actitudes que favorecen el desarrollo positivo de una relación son mutuamente interactivas:

- **Autoestima = Sano egoísmo.** Supone la autoaceptación de nuestras emociones, pensamientos, sentimientos, limitaciones y cualidades. La autovaloración no viene dada por el éxito, ni por el aspecto físico, ni por ningún factor externo, sino que es algo que fluye desde nuestro interior hacia nosotros mismos. Si volvemos al ejemplo anterior, en lugar de creer que no me hablan porque soy fea, podría creer que es porque no les hablo yo, o porque son mal educados. «Si pudiéramos leer la historia secreta de nuestros enemigos, encontraríamos en la vida de toda persona las suficientes penas y sufrimientos como para desarmar cualquier hostilidad», decía con razón el poeta norteamericano Henry Wadsworth Longfellow.

- **Realismo = objetividad.** Es nuestra capacidad de reconocer hechos, emociones y pensamientos, el modo de captar la realidad sin distorsionarla. Equivale a preguntarse sobre los hechos y ser conscientes de que reaccionamos a una realidad de la que no disponemos toda la información. Por ejemplo: un señor intenta hablar a una vecina que lleva tapones en los oídos. Como ella no le oye, no se gira para mirarlo. Él reacciona enfadándose y no vuelve a hablarle nunca. Esta sería una actitud no realista, altamente emotiva. Una actitud más adulta sería preguntarse: «¿Por qué no me contesta? ¿Quizás no me oye?», y averiguar la verdadera causa de la incomunicación que se ha producido.

- **Responsabilidad = independencia.** Es tener presente que somos dueños de comportarnos como deseamos y que para obtener unos resultados es preciso decidir y actuar en consecuencia, porque posteriormente seremos capaces de responsabilizarnos de nuestros actos. Esta responsabilidad es igualmente válida para la conducta que tengan los demás con respecto a nosotros. En este caso, ellos son los responsables, no nosotros. Por ejemplo: una chica sale con un chico una noche, él no vuelve a llamarla y ella piensa, «debí hacer algo mal». Esto equivale a adjudicarse la responsabilidad. La chica sólo es responsable de la llamada que ella puede realizar, no de la que él eventualmente realice.

Las actitudes en una relación, dar y recibir

En las relaciones entre hombres y mujeres, como en otras, podemos distinguir dos polos o tipos de conducta. Una es la activa y otra la pasiva. La primera implica todo lo que es «dar» (energía masculina), mientras que la pasiva implica «recibir» (energía femenina). Cada persona se siente impelida por naturaleza a pensar y actuar desde uno de estos polos y su actitud se complementará con quien tienda a actuar desde el polo opuesto. Las relaciones con éxito resultan de un intercambio de energías opuestas, ya que éstas se atraen, mientras que las iguales se repelen.

Por tanto, el autoconocimiento es clave para saber con qué energía nos sentimos cómodos y afianzarse en esa elección antes de comenzar una relación. Quien adopta el polo activo tenderá a tomar iniciativas y a pedir, a luchar por lograr lo que quiere. Será quien diga: «yo quiero...», «yo pienso...». Por lo tanto, esta clase de persona no debe sorprenderse de que el otro espere su generosidad y se muestre dependiente y sensible.

Quien adopta el polo pasivo tenderá a captar y a estar receptivo, a pedir, a escuchar, a responder de forma sensible, dirá cosas como «yo siento», «yo no deseo...», «yo aprecio». Lo lógico es que ante esto, el otro quiera sentirse respetado, atendido y admirado por sus logros. Patricia Allen nos recuerda que «El estrógeno es la hormona del afecto, del sentimiento. Mantiene a las mujeres más interesadas en los sentimientos y emociones que en los automóviles y el trabajo. La testosterona, hormona masculina, impulsa a la acción, a las cosas concretas y al rendimiento». No obstante, aunque no representan el conjunto, hay muchas mujeres que se sienten cómodas en el polo activo y muchos hombres en el pasivo, contra lo que podría suponerse. Esto es perfectamente viable, siempre que lo sepan y se comporten en consecuencia. Una enorme cantidad de decepciones en el trato entre sexos procede de intentar ser lo que no se es espontáneamente. Por ejemplo, una chica adopta una postura activa de entrada, abordando, llamando o invitando. En suma, dando y ofreciendo cosas. Tras un tiempo se lamenta de que él no le da nada ni se quiere comprometer. Él ha «visto» que no debía adoptar un papel activo en esta relación, tradicionalmente identificado con lo masculino. Así que se ha dispuesto únicamente a recibir. Siente admiración por los logros de la chica, pero sus sentimientos no le preocupan.

Podemos alternar el actuar de una forma u otra, pero una vez dentro de una relación, debe quedar establecido quién adopta básicamente un papel y quién el otro, para que las cosas se desarrollen de forma fluida.

Saber si uno mismo prefiere ser querido o respetado ayuda a mantener una actitud coherente y consistente hacia el otro y, además, permite sentirse realizado.

La amistad entre sexos, ventajas de cultivar la simpatía

Sea cual sea la tendencia natural a dar o a recibir, partir de la base de que hombres y mujeres tenemos mucho en común puede facilitar mucho las cosas, somos -antes que nada-, seres humanos.

Tanto hombres como mujeres pueden extraer enormes ventajas de cultivar la amistad entre ellos. Haciéndolo, los hombres pueden mejorar su capacidad de entender a las mujeres, que a menudo les resultan «demasiado complicadas». También pueden hablar con ellas de esos temas (sentimientos, romanticismo...) que tocar con otros hombres puede provocarles vergüenza y sentir una seguridad y capacidad de apoyo que sus amigos masculinos no les pueden ofrecer. Por ejemplo, teniendo una buena amiga, el hombre puede aprender que es bueno expresar emociones y sentimientos, reconocer debilidades e incluso llorar, lo que implica mejorar su potencial humano.

Por su parte, una mujer se enriquece tratando con amigos hombres. Pueden «contagiarle» la capacidad masculina de ser fuerte, racional y aprender a protegerse a sí misma. El punto de vista masculino puede ser más práctico, más enfocado a la eficacia real de las cosas. Los hombres pueden comunicarle a las mujeres, entre otras cosas, gran parte de su conocimiento sobre deportes, mecánica, etcétera.

Ambos sexos mejoran al mantener amistad entre sí, pues desarrollan su capacidad de entender las relaciones como algo compartido, sin compromisos, dándose cuenta de lo que les une de forma genuina, más allá de lo que puede «atarles».

EJERCICIOS DE REFLEXIÓN

1. Enumera seis de tus características físicas muy evidentes. Tres que consideres positivas y tres negativas.
2. Procede igualmente con seis características psicológicas o rasgos de carácter.
3. Procede a traducir las características que has considerado como negativas en los puntos anteriores y tradúcelas en positivo. Por ejemplo, en lugar de «mi nariz es grande y fea», la frase positiva sería: «tengo un perfil que me caracteriza y diferencia de los demás». Por ejemplo, en lugar de «hay veces que envidio lo que tienen otros», sería positivo pensar: «tengo una gran ambición».
4. Piensa en cinco frases que procedan de una actitud que contradiga tu autoestima. Por ejemplo: «Si me cuesta tanto lograrlo, para qué intentar conocerles».
5. Piensa en diez frases basadas en presupuestos objetivos y ciertos, y que confirmen tu autoestima.

El objetivo de los ejercicios anteriores es que te convenzas de que todo depende del cristal con que se mira. No hay nada enteramente bueno o totalmente malo. Adquirir consciencia acerca de una actitud es lo más importante y evita que nos sintamos culpables o nos desvaloricemos. Quizás te afecte negativamente pensar que eres una persona tímida, pero si cambias timidez por prudencia, (ser prudente es algo positivo), puedes felicitarte por ello. Y, sobre todo, una mirada optimista, una actitud tendente a actuar hacia nosotros mismos con afecto y buen ánimo, puede cambiar un panorama que hasta el día anterior, veíamos con pesimismo. Tal como tú te veas y te aprecies, así lo harán los demás. Tú eres el emisor de los sentimientos positivos de los otros hacia ti mismo, tú le das al interruptor que pone en marcha la corriente e ilumina el camino.

EJERCICIOS DE ACCIÓN

1. Piensa en alguna persona del sexo opuesto próxima a ti con la que te agradaría cultivar una amistad. Piensa en cinco frases que procedan de actitudes adecuadas, que confirmen claramente tu autoestima, tu realismo, o tu responsabilidad. Por cada frase, señala cuál/es de estas tres características confirman. Por ejemplo: «soy puntual en mis citas, lo que confirma mi sentido de la responsabilidad».
2. En relación a la misma persona, enuncia cinco conductas concretas que vayas a poner en práctica.

El objetivo del ejercicio anterior es llevarlo a la realidad y posteriormente narrarlo en detalle, subrayando los puntos de tu narración que sean la consecuencia de haber mantenido una actitud adecuada. Verás qué alegría te da el saber que eres capaz de lanzar impulsos que te son devueltos en forma de resultados positivos. Apúntalos en tu memoria y vuelve a utilizar las actitudes adecuadas, cada vez que lo necesites. Tú eres tu propio jefe, puedes darte permiso para actuar como prefieras. Sabrás de antemano que saldrá bien y puedes incorporar la nueva manera de actuar como pauta habitual de conducta, lo que hará que ganes en seguridad.

El cultivo de la amistad entre hombres y mujeres es algo que recomiendo calurosamente. Sus ventajas han sido expresadas por infinidad de autores, entre ellos la psicóloga experta en temas de autoayuda Penélope Russianoff, acaso la que ha resumido el tema de forma esquemática pero meridianamente clara, tal como puede leerse en uno de sus textos, que a continuación transcribimos adaptado:

Amigos del otro sexo

Ventajas de los hombres que tienen amigas	Ventajas de las mujeres que tienen amigos
• Entienden mejor a las mujeres. • Pueden hablar de temas que no se atreven a tocar con otros hombres. • Sienten la seguridad de obtener un consuelo que los amigos no ofrecen. Las mujeres suelen ser más compasivas si uno se siente mal o, por lo menos, escuchan más. • Transmiten que algunas debilidades no deben servir para mortificarse ni avergonzarse.	• Las cosas que les pueden enseñar en temas que no suelen ser del dominio de la mayoría de mujeres. • Sentirse apoyadas por su presencia más protectora. • Conocer su punto de vista, siempre más enfocado a la utilidad y a la eficacia real de las cosas. • Aprender que es tan divertido estar con un hombre con el que simpatizas como con un hombre al que se ama.

Debemos superar la dificultad que hay en las relaciones humanas entre distintos sexos cuando sólo tenemos presente el comprometernos. En lugar de ello, sólo debemos pensar en función de relacionarnos. Es entonces cuando nos daremos cuenta de que estamos todos en el mismo bando. Y, de ese modo, hombres y mujeres saldremos ganando. Como puedes ver, lo anterior es prácticamente una promesa de felicidad. Lánzate, puedes hacerlo y, poco a poco, con la lectura de estas páginas, vas aprendiendo a superar las limitaciones.

Capítulo 6

Conocerse. La actitud realista

¿Quién es el sabio? El que aprende de todos los hombres.
Will Rogers

Toda relación parte de un conocimiento y va tomando forma a medida que se dan una serie de contactos recíprocos o «transacciones». Las transacciones son tandas de intercambios de estímulos interpersonales, tanto verbales como no verbales —movimientos, miradas, expresiones faciales—. Estos estímulos pueden ser:

- **Positivos**, una mirada de interés, un piropo, un comentario positivo hacia el otro.
- **Negativos**, una mirada perdida, una expresión impaciente, una frase sarcástica.

A los estímulos interpersonales positivos les llamamos también caricias psicológicas. Estas son deseadas por todo ser humano. Cuando entre dos personas el intercambio de caricias psicológicas es fluido, la comunicación tiende a prolongarse, pues en nuestras relaciones tendemos a responder a la ley del refuerzo, es decir, nos gustan aquellos que nos ofrecen estímulos positivos. Cuanto más abierto e interesado se muestra alguien por otras personas, más caricias psicológicas da y, por tanto, más fácil le es obtener y prolongar la comunicación.

No obstante, muy a menudo las personas se sienten atraídas por quienes —aparentemente— no les proporcionan estímulos positivos. Si esto sucede, y se persevera en esta actitud, pese a la evidencia, estamos ante una posición no realista. La conducta de una persona así, que persigue estímulos negativos, puede estar condicionada para ello. En este caso la persona tiende a justificar su actitud no realista negando la evidencia. Por ejemplo: «ella no contesta a mis llamadas porque está muy ocupada», o asumiendo cualquier otra excusa.

Las relaciones realistas, en cambio, se basan en una actitud objetiva ante la conducta del otro. Se escoge al otro porque demuestra merecerlo, por cómo es, o por cualquier otro estímulo positivo que nos ofrece. Las relaciones en las que existe un sentimiento de equidad, en las que cada uno recibe en justicia por lo que da, generan una creciente amistad y resultan más sólidas. La relación que consiste en intercambios de estímulos positivos fomenta un sentimiento de mutua satisfacción que tiende a crecer de modo natural. Mantener una actitud realista —basada en lo que el otro es y hace— nos permite conseguir y prolongar las comunicaciones que nos son satisfactorias de forma natural.

La simpatía es la base de la amistad, y ésta es el símbolo de relación realista por excelencia, un sentimiento de compañerismo y de confianza mutua. Se basa en el grado de identificación psicológica, o cómo se vive a la otra persona como alguien emocionalmente próximo. Se trata de algo que es enriquecedor en sí mismo y, además, es básico para mantener una relación de pareja totalmente satisfactoria.

Un ejemplo ilustrativo de lo dicho anteriormente sería: a María le puede caer simpático Juan por la forma en que la mira cuando habla (caricia). Ella lo interpreta preconscientemente como que siente admiración y esto la hace sentirse interesante y única. Juan puede sentir simpatía por María a su vez, por cómo lo mira cuando le está hablando (caricia). Él lo interpreta como que está interesada en divertirlo y esto lo hace sentirse importante y apreciado.

La simpatía no es universal. Alguien puede ser muy simpático para unos y no serlo para otros. Es una cuestión de compatibilidad y reciprocidad que las caricias de una persona resulten significativas o no, para otra.

Jung expuso que las personas tienden a sentirse atraídas y simpatizar con sus opuestos –los extrovertidos con los introvertidos, los sensatos con los intuitivos, etcétera. Pero, paradójicamente, a la vez, las diferencias extremas son las que hacen peligrar una relación; porque las reacciones opuestas pueden causar incomprensión y rechazo en etapas más adelantadas. Por este motivo, el centrarse uno mismo, facilita las relaciones compatibles y sólidas.

Se contacta con los demás más que por como son, por cómo nos hacen sentirnos. Si logramos que alguien se sienta a nuestro lado digno de afecto y de admiración, tendremos a un incondicional. Desear contactar con alguien es algo que puede surgir desde el primer momento, porque presuponemos que nos va a hacer sentir bien. O, puede surgir un sentimiento agradable después de un largo tiempo de relación. En este último caso, se produce un punto de inflexión: pasamos a considerar de pronto que el otro es alguien «simpático», aunque antes no lo habíamos advertido de forma especial.

La explicación a los casos de atracciones no equitativas, puede encontrarse en múltiples motivos. Por ejemplo, una fijación marcada por la atracción física de tipo pasional, o una alta valoración del otro derivada de que es «difícil de obtener», generadas por un conflicto anterior que hace que se vea a cierta persona capaz de darnos una oportunidad de superación de un sentimiento de frustración antiguo, de algún fracaso que se ha convertido en una fijación, por lo que conseguir que nos hagan caso resultaría compensatorio. En otras palabras, expiar en una persona fracasos y experiencias negativas anteriores que nos han marcado profundamente.

¿CUÁL ES TU ESTILO?

1. Vivirías solo porque:
  a) Así tienes más tiempo para trabajar.
  b) Así tienes un tiempo para dedicártelo a ti mismo.

2. Si compras un piso con tu pareja y tú tienes más dinero:
  a) Aportas más.
  b) Aportas sólo tu parte.

3. Si a tu pareja le gusta esquiar y a ti no:
  a) Le pides que deje esta afición.
  b) La acompañas para estar juntos.

4. Si te has quedado sin coche:
  a) Tomas un autobús o un taxi.
  b) Llamas a tu pareja para que venga a buscarte.

5. Si tu pareja y tú tenéis una profesión, pero él quiere que cuides
  la casa:
  a) Intentas demostrar que eres extraordinaria haciendo ambas cosas.
  b) Propones una negociación y, si no acepta, lo dejas.

Resultado:
Una **mayoría** de **respuestas** del tipo **A**, define una personalidad de estilo activo que, generalmente, se atribuye al sexo masculino. Por el contrario, una **mayoría** de **respuestas** de tipo **B**, es indicativa de conductas pasivas o que se suelen calificar de femeninas.

El objetivo de estos ejercicios de reflexión que encontrarás a continuación, es que pienses y averigües qué tipo de personas son las que menos te atraen atendiendo a su forma de comportamiento y a quiénes te gustaría acercarte si no tuvieras ningún condicionamiento.

Si lo haces, tendrás más claros tus objetivos y podrás actuar en consecuencia, dirigiéndote a quienes de verdad te gustan, y eso es fundamental para evitar frustraciones y pérdidas de tiempo y

EJERCICIOS DE REFLEXIÓN

1. Piensa en una de las mejores amistades que has tenido y recuerda cinco de sus conductas típicas por las que te resultaba simpática.

2. ¿Qué crees que significa para tu personalidad que valores esas cinco características? Por ejemplo, «solía escucharme tocar el piano, lo que significa que me gusta tocar el piano y que me escuchen cuando lo hago».

3. Cuando llegas a una reunión social, ¿a qué tipo de personas te diriges primero para iniciar un contacto? (Cita cinco casos típicos y sus razones). Por ejemplo: «al que parece más aburrido, porque supongo que se alegrará».

autoestima. Si tienes dudas o sientes inseguridad para lanzarte, piensa en estas ideas llenas de coraje que propone Patricia Allen: la técnica del «flirteo» en cinco segundos es fácil. Ante todo colocarse a la vista, encontrar los ojos que nos interesan y mirarlos durante tres segundos. Hay que contarlos a ritmo real pese a los nervios que puedan experimentarse. Al cuarto y quinto segundo, hay que sonreír. La señal ya está emitida. ¿Ves que no es en absoluto imposible?

Pero, ¡cuidado!, no se trata de experimentarlo con cualquiera. A veces, no estamos enamorados de alguien, sino de la vida a través de ese alguien y lo único que es digno de amor es aquello que sirve para que te ames a ti mismo.

También hay que cuidarse de las relaciones con objetivos superficiales como conseguir dinero o sexo. Las personas verdaderamente sensibles buscan compartir sentimientos e ideas. Porque, como decía el autor Friedrich Von Hügel, «el cariño es lo más grande, es lo que más importa». Siempre dependerá, no obstante, de tus intenciones y de lo que estés buscando.

En efecto, el amor cura a quienes lo dan y a quienes lo reciben. No hay nada más terapéutico que el amor, porque compensa de cualquier otro problema que se nos pueda presentar.

Capítulo 7

Despreocuparse. Adjudicar bien las responsabilidades

Mírate a ti mismo como un pionero en el largo viaje del aumento de la conciencia. Partimos hace millones de años. Es indudable que no llegaremos mañana.

KEN REYES, JR

En uno de sus escritos Alan Loy Mc Ginnis opinaba que nuestras preocupaciones son un mal uso de la imaginación. En vez de utilizarla para proyectar acontecimientos felices, el atormentado crónico observa que los desastres y las humillaciones personales se suceden con rapidez. Lo más triste es que la mayor parte de esas imágenes son sólo remotas posibilidades.

Si las personas, al abrirse, perciben pocos riesgos de decepción y muchas posibilidades de satisfacer su curiosidad, están manteniendo la actitud adecuada. En el capítulo anterior hemos visto qué es la actitud realista, la que se ajusta a lo que el otro hace y se deja guiar por el sentido común. En éste, veremos otra de las actitudes adecuadas, la de interpretar bien las responsabilidades. Dicha actitud, aporta una visión más despreocupada y humorística de la acción de «flirtear».

Razonar las responsabilidades

Casi todo el mundo ha vivido la experiencia de querer establecer un contacto con alguien desconocido del otro sexo, teniendo la certeza de que la otra persona también lo deseaba y, a pesar de todo, han dejado pasar absurdamente la ocasión. ¿Por qué sucede esto tan a menudo?

Nuestra capacidad de razonar, tan útil y que nos permite lograr multitud de cosas, también nos limita enormemente en ciertas ocasiones. Parece haber un acuerdo tácito acerca de que se debe encarar todo muy seriamente, con tremendismo y, por lo tanto, está completamente justificado el aceptar preocuparse, amargarse y desvalorizarse, siempre que algo no resulta tal como se deseaba. El motivo por el que las personas, aun deseándolo sinceramente, no se abren, es uno de los razonamientos que se señalan a continuación. Si la reacción que obtengo no es exactamente la que deseo:

- **Me enfadaré.** Exijo tener la certeza de que todo irá como yo quiero antes de mostrar cualquier tipo de interés.
- **Padeceré.** Será desolador para mí, sufriré, me deprimiré, me angustiaré.
- **Me humillaré.** Pensaré mal de mí, me denigraré, me sentiré ridiculizado, dañaré mi autoestima.

Una alternativa lógica es prescindir de tener una idea de cómo se desea exactamente que sucedan las cosas y preconcebir las reacciones que obtendremos. Pero, ¿qué hacer si —involuntariamente— esta idea nos asalta?

¿Qué es lo más razonable?

Deducimos cosas de nosotros mismos en base a las reacciones que obtenemos de los demás. Es natural, pues, que en cierta medida su reacción nos afecte. Pero, ¿dónde establecer el límite razonable de la medida en que debe preocuparnos esta reacción? Dado que el grado en que nos afecta es resultado de una decisión, podemos ejercitar nuestra capacidad consciente de despreocupación al respecto, de las siguientes formas:

- **Contextualizando.** Viendo la importancia real de la reacción del otro, dentro de una visión de conjunto. ¿Qué consecuencias reales tiene para mí esta reacción? La respuesta a este interrogante en el contexto de «flirtear», tal como lo hemos explicado en capítulos anteriores, debe ser: «ninguna que vaya más allá de mi intento de conocerle». **Ver las cosas en su contexto ayuda a darles su justa importancia** y, generalmente, a desdramatizar.
- **Relativizando.** Las cosas tienen siempre más de una lectura. Se puede, por ejemplo, ver lo positivo de un hecho negativo, o reencuadrar una reacción. Una respuesta displicente puede leerse como la forma que tiene el otro de alimentar su deficitaria autoestima o su vanidad, o pensar que se trata de una expresión de su mal carácter, antes que suponer que se debe a desinterés por nosotros. **La reacción de la otra persona se puede entender desde muchos ángulos.**
- **Moderando.** Ser moderado consigue atemperar el impacto emocional que tienen los acontecimientos sobre nosotros. Muchas veces nuestras emociones nos impiden ser lógicos. Un estudio demostró que una persona puede enamorar más en un puente o cualquier otro sitio peligroso, que en un ambiente seguro y que no entrañe ningún tipo de riesgo. Porque la emoción de miedo se interpreta como emoción de atracción. **Ser conscientes de nuestras emociones e interpretarlas, para reducir su impacto sentimental.**
- **Aprovechando.** Ir en busca de situaciones nuevas, abrirse a otras personas, es ampliar nuestras posibilidades. No siempre ciertas cosas implican necesariamente otras. Tenemos libertad de contemplar que haya siempre nuevas alternativas. El actor

cómico Groucho Marx dominaba el arte de generar reacciones inéditas: «¿Quiere usted casarse conmigo? ¿Cuántos millones tiene en el banco? Conteste primero a la segunda pregunta». **Interesarse por alguien no siempre quiere decir lo mismo. Hay infinidad de motivos por los que alguien puede interesarnos.**

Debemos al importante psicólogo y pensador Carl Gustav Jung, un análisis fundamental de la mente humana. Según sus estudios, plasmados en la obra *El hombre y sus símbolos,* la personificación masculina en el inconsciente de la mujer -el *ánimus*- muestra aspectos buenos y aspectos malos, como le ocurre al *ánima,* personificación femenina en el hombre.

El *ánimus* no aparece con tanta frecuencia en forma de fantasía o modalidad erótica, sino que es más común que adopte la forma de convicción «sagrada» oculta. Cuando tal convicción es predicada con voz fuerte, insistente, masculina, o impuesta a otros por medio de escenas de brutal emotividad, se reconoce fácilmente la masculinidad subyacente en una mujer. Sin embargo, aun en una mujer que exteriormente sea muy femenina, el *ánimus* puede ser también una fuerza dura e inexorable. Podemos encontrarnos, de repente, con una mujer que es obstinada, fría y completamente inaccesible.

Uno de los temas favoritos que el *ánimus* repite incesantemente en las meditaciones de este tipo de mujeres, es aproximadamente así: «La única cosa que yo deseo en el mundo es amor... y él no me ama» o «en esta situación sólo hay dos posibilidades... y las dos son igualmente malas».

El *ánimus* jamás cree en excepciones. Raramente se puede contradecir su opinión porque, por lo general, suele tener razón. Sin embargo, pocas veces parece ajustarse a la situación individual. Es apto para una opinión que parece razonable pero al margen de la cuestión real.

Al igual que el carácter del *ánima* de un hombre está moldeado por su madre, el *ánimus* esta básicamente influido por el padre de la mujer. El padre dota al *ánimus* de su hija con el material especial de convicciones indiscutibles, irrecusablemente verdaderas, convicciones que jamás incluyen la realidad personal de la propia mujer, tal como ésta es realmente.

Esta es la causa de que algunas veces, el *ánimus* o el *ánima* sean como una especie de demonio de la muerte. Hay un cuento gitano que narra que un apuesto extranjero es recibido por una mujer solitaria, a pesar de que ella había tenido un sueño que le advertía que el visitante era el rey de la muerte. Después de haber estado con ella algún tiempo, ella le insta a que le revele su verdadera identidad. Él, al principio, se niega, diciendo que la mujer moriría si él accediese a su pedido. Sin embargo, la mujer insiste y él acaba diciéndole que es la propia muerte. La dama solitaria acaba muriendo de miedo.

Considerado mitológicamente, el apuesto extranjero es probablemente, una imagen pagana del padre o de un dios que aparece como rey de la muerte. Pero, psicológicamente, representa una forma particular del *ánimus* que atrae a las mujeres, alejándolas de todas las relaciones humanas y, en especial, de todos los contactos con hombres auténticos. Personifica al capullo de seda de los pensamientos soñadores, llenos de deseos y de juicios a cerca de como debieran ser las cosas y que aíslan a la mujer de la realidad de la vida

El *ánimus* negativo no aparece sólo como un demonio de la muerte. En los mitos y en los cuentos de hadas desempeña el papel de ladrón y asesino. Un ejemplo es Barba Azul que mataba secretamente a todas sus mujeres en una cámara oculta. En esta forma, el *ánimus* personifica todas las reflexiones semiconscientes, frías y destructivas que pueden invadir a una mujer en las horas de decepción, cuando sufre algún tipo de desengaño amoroso.

EJERCICIOS DE REFLEXIÓN

1. Recuerda cualquier ocasión en la que alguien no reaccionase como tú esperabas. Cita cinco ventajas que extrajiste de ello.

2. Cita cinco motivos por los cuales intentar conocer a alguien, sin más, es algo divertido.

3. Cita cinco motivos para arrepentirse de haber dejado de conocer a alguien por preocuparse de su posible reacción.

4. Cita cinco motivos para alegrarse de haber intentado conocer a alguien aunque su reacción no haya sido la deseable, o no te haya gustado.

El objetivo de los anteriores ejercicios es que adquieras soltura y despreocupación en tu trato con los demás. Eso te animará a abrirte y a jugar al hermoso juego de libertad que podríamos denominar «¿A ver qué pasa?». Para que adquieras aún más seguridad, te podemos adelantar por experiencia que, en general, las reacciones serán mucho más positivas de lo que esperas.

EJERCICIOS DE ACCIÓN

1. Redacta entre cinco y diez frases despreocupadas, divertidas, que te guste decir. Puede ser una interjección graciosa, un pareado, un chiste, etcétera.

El objetivo es que durante los próximos días te dediques a repetir cualquiera de esas frases en los momentos en que te sea posible intercalarlas. Naturalmente, puedes acompañarte de algún gesto no verbal, también divertido. Comprobarás por ti mismo que nuestra promesa de éxito se cumple.

Capítulo 8

Crearse una buena reputación

El amarse a uno mismo implica reconocerse como un ser humano valioso
porque así lo decide uno mismo.

WAYNE W. DYER

Si aceptamos ser quienes somos y sentir lo que sentimos, podemos permitirnos ser plenamente conscientes de nosotros. Esta actitud vuelve irrelevantes los conceptos de aprobación o desaprobación, ya que lo que se siente cuando alguien nos rechaza radica en el punto vulnerable de la propia autoestima.

Una forma de potenciar el gustarse a uno mismo es usar los sentidos para ser consciente de la «estima» que despierta cualquiera de nuestras características. Se trata de prestar atención e interpretar como «un aprecio» del exterior hacia nosotros las propias vivencias. Por ejemplo, cuando sentimos la tibieza del sol, interpretarlo como un detalle del sol hacia nosotros. Cuando la brisa mece nuestro pelo, podemos ser conscientes de ello y vivirlo como una caricia que nos envía el aire. Cuando comemos, cuando miramos el cielo, cuando nos vestimos... en cualquier situación pueden apreciarse las vivencias, de forma que impliquen la estima que el mundo, todo lo que nos rodea, demuestra hacia nosotros.

Esta actitud debe cultivarse. Aunque al principio sea necesario hacer una interpretación voluntaria, con el tiempo se vuelve algo más automático. Cada circunstancia brinda una «estima nueva» al iniciado hasta que se incorpora a nuestra personalidad y modo de sentir y vivir, lo cual es altamente satisfactorio.

¿Qué sucede cuando te gustas a ti mismo?

Las personas que se sienten cómodas y felices en su propia piel, se centran en el otro, en lo que sienten por él, no están preocupadas por lo que el otro siente por ellas, por tanto, no manipulan a la otra persona y la hacen sentirse libre y respetable. Al aceptarla como es, le permiten sentirse bien a su lado. Además, se abren a recibir elogios y afecto, se despreocupan ante los rechazos y críticas, enfocan sus propias cualidades, tienen un estado de ánimo mucho más positivo y, en consecuencia, resultan aún más atractivas.

Gustarse es lo contrario de sentir vergüenza de ser como se es. Está relacionado con sentirse bien dentro de uno mismo y saberse digno de estima. Valorarse, por otro lado, equivale a creerse importante frente a los demás. Es lo contrario de desvalorizarse. Está relacionado con hacerse valer y tener expectativas altas acerca de lo que uno se merece o puede obtener.

La autoestima y la autovaloración son como caras distintas de una misma cosa: una implica una vertiente interna del amor propio, y la otra una faceta externa, frente a los demás.

El que una persona agrade depende de multitud de cuestiones personales. Pero, tanto a nivel físico como psíquico, hay unos estándares que son los preferidos, entre ellos, arriesgarse a demostrar a los demás que nos gustan, abriéndonos a ellos.

Esto ayuda a conocer a otros, a que confíen y muestren interés por nosotros porque así lo hemos hecho nosotros con ellos. Es así como se logran respuestas positivas, que a la vez nutren la autoestima y vuelve a empezar el círculo de estimar a los demás y alimentar la autoestima. Alguien imaginó una vez el infierno como «una gran mesa llena de manjares, cuyos comensales tienen los brazos atados a unos palos, de forma que no pueden comer». La misma persona imaginaba el cielo como «una mesa igual, cuyos concurrentes tienen también los brazos atados de la misma forma. Pero allí cada uno da de comer a otros. Y todos comen cuanto quieren».

Percibir que gustas

El autor Frank Andrews señala que se deben utilizar los sentidos para recibir el aprecio del mundo hacia nosotros. Ser estimado, dice, es ser el receptor de un «sí a ti», de otros. Puede ser el «sí» de los alimentos que nos gustan, de la chaqueta que nos conforta o del chico que nos tiende una hoja de propaganda. Debemos imaginar que el mundo ha establecido deliberadamente ciertas circunstancias para expresarnos su aprobación. Puede que al principio nos cueste percibirlo así. Nadie nace enseñado. Una vida de amor, no es trabajo de una tarde.

A continuación, te proponemos unos ejercicios para que abandones ese estado de ánimo que te conduce a estar en guerra contigo mismo y te ayuden a conocer tu propia belleza.

EJERCICIOS DE REFLEXIÓN

1. Sitúate con calma ante un espejo y obsérvate, prescindiendo de la actitud autocrítica habitual. Di cinco cosas que describan a la persona que estás viendo como si no fueras tú.
2. Enumera las características que te parezcan mejores. Por ejemplo, «está bien de peso», «lleva el pelo limpio», etcétera. No lo pongas aún por escrito, enuméralas sólo mentalmente.
3. Para cada una de las anteriores características, explica cómo podrían lucirse o aprovecharse más. Por ejemplo, «tiene el peso adecuado para usar ropa más ajustada». Ahora sí, contesta por escrito.

El objetivo es que decidas adoptar por lo menos dos de las conductas anteriores y las incorpores a tu manera de ser habitual.

EJERCICIOS DE ACCIÓN

1. Piensa en cinco personas del otro sexo –no familiares directos– hacia las cuales tengas algún sentimiento positivo. No importa el grado de conocimiento que tengas de ellos ni su compromiso afectivo.

2. Expresa con palabras ese sentimiento y por qué crees que lo sientes en cada uno de los casos.

El objetivo en este caso, es escribir una carta a una de las anteriores personas, no deberás entregársela necesariamente si no lo deseas. Déjate llevar en tu carta por el sentimiento de afecto, gratitud o alegría y lo expreses en toda su profundidad.

Comprueba lo que puedes hacer en referencia a esas personas. ¿Qué conductas concretas inéditas hasta hoy vas a adoptar con cada una de ellas? Cita cinco. Anótalas y prueba desde ahora mismo. Los resultados serán altamente gratificantes.

Existe una historia de la tradición sufí que cuenta que un hombre murió en un accidente. La gente del lugar lo lamentó. Después se supo que el hombre que murió, en ese momento iba camino del palacio para asesinar al buen califa. Entonces la gente sintió alivio de su muerte. Años más tarde, el buen califa se convirtió en un tirano para su pueblo y la gente, entonces, lamentó que aquel hombre no hubiese asesinado al califa.

La flexibilidad para cambiar de opinión, ajustándonos a la realidad y al contexto de la misma, es fundamental para no cometer errores en nuestras relaciones, ni quedar fijados a una primera impresión que puede ser engañosa. Si hasta hoy no te estimabas lo suficiente, ¿cómo iban a apreciarte los otros? Cambia de actitud. Si te has equivocado con alguien, tienes permiso para cambiar de opinión y actuar en consecuencia. Se trata de tu elección en libertad.

Capítulo 9

Reconocerse.
Expectativas y mensajes

El resultado de dos personas que se hacen una es dos medias personas.
WAYNE W. DYER

El capítulo anterior trataba de la autoestima y de la autovaloración como dos caras de la misma moneda. Sabemos la importancia de ambas. ¿Cómo puede alguien construir su confianza en sí mismo reconociendo realmente cuáles son sus puntos fuertes y débiles?

En busca del yo real

El primer paso para estimarse a uno mismo es autoconocerse. No todo en nosotros es bueno ni malo y es importante, y necesario, admitir las propias carencias antes de tomar consciencia de nuestros talentos y aspectos fuertes. Preguntarse qué piensan los demás que se puede esperar de una relación con nosotros y qué esperamos nosotros mismos realmente de determinada relación es fundamental.

Una relación de pareja de cualquier tipo implica un intercambio. Las relaciones más superficiales son las que conllevan intercambios menos «importantes psicológicamente», los sentimientos no son los protagonistas. Las más profundas, por el contrario, truecan cosas esenciales para ambas partes, como pueden ser sentimientos, ideales, planes de vida.

En referencia a la cuestión de lo que cada uno sabe de sí mismo y lo que saben las demás personas respecto a lo que deseamos intercambiar hay cuatro aspectos que conviene diferenciar desde el principio:

– Lo que yo no sé ni saben otros.
– Lo que yo sé y otros no saben.
– Lo que yo no sé y otros sí saben.
– Lo que sé y saben los otros.

Cuanto más sepa alguien acerca de cada aspecto, más fácil le será evitar malentendidos y lograr lo que quiere. Los malentendidos procedentes del tercer aspecto, provienen de emitir un mensaje distinto del que se cree. Se está dando a entender algo diferente de lo que se pretende. Por ejemplo, un hombre de grandes recursos económicos los usa para atraer a las mujeres que le gustan. Él no sabe que parece dispuesto a remunerarlas económicamente por salir con él a través de regalos, tarjetas, viajes, etcétera. En cambio, ellas sí creen que él puede y está dispuesto a hacerlo, porque alardea de sus recursos. El malentendido le hace reincidir una y otra vez en relaciones con mujeres que lo que quieren es su dinero. Él no percibe que emite un mensaje que atrae a mujeres avariciosas.

Otro ejemplo similar es el de la mujer que se comporta provocativamente, viste trajes ceñidos con grandes escotes y prodiga miradas insinuantes para iniciar contacto con los hombres que le interesan. Ellos saben que ella les excita, y creen que está dispuesta a acceder rápidamente al sexo. El malentendido la hace reincidir una y otra vez con hombres que sólo están interesados en su físico. Ella no sabe que emite un mensaje que hace pensar esto.

Las confusiones del segundo aspecto, se generan por una falta de concreción, o falta de expresión correcta acerca de lo que uno realmente desea. Es decir, no dar a entender claramente lo que queremos. Por ejemplo, una mujer sabe que quiere casarse y ser ama de casa pero adopta un papel masculino «dando» desde el primer momento. Consigue hombres que no saben lo que ella quiere, ni están dispuestos a dárselo, es decir, aquellos hombres que, en el fondo, a dicha mujer no le interesan.

Es muy importante ser consciente de lo que otros pueden pensar de uno mismo al comportarnos de determinada manera, a la hora de encontrar pareja, para evitar cualquier malentendido y llegar antes a lo que deseamos.

La importancia del encuadre

Todos tenemos rasgos positivos y negativos. Cuando alguien ama a otra persona es porque se centra, «encuadra» su percepción de esa persona en un área positiva, y deja desenfocado lo negativo. Por el contrario, cuando alguien rechaza a otro, enfoca sólo lo negativo y resta importancia a sus cualidades. Este fenómeno de «atención selectiva» implica que podemos controlar en gran parte los sentimientos.

Esto se puede comprobar con un sencillo ejercicio: piensa en cualquier persona y pon su nombre en la parte superior de una hoja en blanco. A la derecha haz una lista de todos los argumentos que tienes para apreciarla. En el margen izquierdo escribe los motivos que hay para despreciarla.

Cuando hagas este ejercicio puedes dejarte ir, poner las barbaridades más grandes que se te ocurran. Descubrirás que el concepto que te formas de otra persona, incluso en el enamoramiento, constituye una decisión totalmente personal. Puede que no siempre sea consciente, como lo será hasta que lo veas por escrito en tu hoja de ejercicio, pero siempre es una decisión puramente personal.

EJERCICIOS DE REFLEXIÓN

1. Anota cinco defectos que reconoces en ti.
2. ¿Cuáles son las cinco características que más aprecias en un amigo?
3. ¿Cuáles son las cinco características que más aprecias en una pareja?

El objetivo de los ejercicios anteriores es intentar aclarar qué haces para dar a entender que deseas obtener ciertas cosas y aclarar tus ideas para transmitirlas inequívocamente.

EJERCICIOS DE ACCIÓN

1. Enumera cinco cosas que te guste mucho hacer y sean gratuitas, o casi gratuitas. El objetivo es reconocer cómo eres, sin que se interpongan cuestiones materiales que puedan limitarte.
2. Pregunta a tres personas conocidas, en una circunstancia relajada que les permita sincerarse, qué fue exactamente lo que pensaron de ti el primer día que te conocieron (acerca de tu aspecto y carácter). Qué intuiciones o presunciones tuvieron y si luego las verificaron en la realidad, al conocerte más a fondo.

También puede serte útil hacer el ejercicio de la hoja en blanco que elaboraste con las virtudes y defectos de un tercero, sólo que encabezándola con tu nombre. Puedes encontrar así, los motivos que hay para estimarte o no. Pero, ten en cuenta que si lo encaras de manera positiva, siempre serán mayores los de estima y ése es el mejor camino para que también te estimen los demás.

Karen Horney, psiquiatra especializada en la influencia de la sociedad sobre la personalidad del individuo, considera que una cualidad de las personas con un buen conocimiento de sí mismas consiste en su sentido del humor. El sentido del humor es saber reírse de uno mismo, de la discrepancia entre sus pretensiones y la realidad, y en la capacidad para ver de manera humorística las empresas y proyectos más serios.

La autora dice que cuanto más nos enfrentamos a nuestros propios conflictos y buscamos nuestras propias soluciones, tanta más libertad y fuerza adquirimos. Cuando los conflictos versan sobre los aspectos básicos de la vida, resultan más difíciles de abordar y resolver. Pero, con tal de que tengamos ánimo suficiente no hay razón alguna, en principio, para que no podamos hacerlo. Esta percepción, nos proporcionará ideales por los que valdrá la pena luchar y, con ellos, una dirección más clara para nuestras vidas.

No dejes a un lado esta poderosa arma secreta que acabamos de proporcionarte: el sentido del humor. Es curativa, barata, inagotable y seguro que tú la posees a raudales, aunque todavía no te hayas dado cuenta. Úsalo, no te defraudará nunca.

Capítulo 10

Seguridad. El potencial para crear una relación feliz

El cariño es lo más grande, el cariño es lo que más importa.

FIEDRICH VON HÜGEL

¿Por qué algunas personas intentan a toda costa ser complacientes en todas sus relaciones? ¿Por qué otros individuos procuran dominar y controlar a sus parejas? ¿Por qué hay tantas personas que una y otra vez «sabotean» sus relaciones, portándose injustamente cada vez que reciben lo que en el fondo quieren?... La respuesta es que muchas personas no están tan abiertas a la intimidad como les gustaría creer, y, a continuación, veremos por qué sucede así.

El amor, la seguridad y el apego

Una criatura recién nacida necesita de la persona que cuida de ella, la satisface y es su conexión con el mundo, depende de la confianza y seguridad que dicha persona le da. En este sentido, hay algo en nosotros que nunca llega a crecer y nos mantiene en la búsqueda de esta conexión con otra persona que nos haga sentir nutridos afectivamente, satisfechos y seguros.

La forma de amar que tenemos y el modo en que tratamos a nuestra pareja, está influida por la primera de las relaciones que tuvimos con otro ser humano, generalmente nuestra madre. La teoría del apego sostiene que el trato que recibe un niño en su más tierna infancia por parte de quien le cuida, le condiciona al marcar en el pequeño una preconcepción de «lo que cabe esperar cuando se siente apegado afectivamente a alguien».

Esta idea crea una impronta que condiciona todos los procesos de apego que desarrollará más tarde, cuando sea adulto, en sus relaciones amorosas.

Según sea esta preconcepción del apego que le fue marcado, existen, básicamente, cuatro tipos de personas:

- **Personas con apego de tipo «seguro».** De niños estuvieron en manos de alguien que respondió de forma estable y confiada a sus necesidades de atención y afecto. Estas personas, al crecer, podrán hacer sentir a gusto a su pareja en la relación. Se muestran afectuosos y cariñosos la mayor parte del tiempo. Parten de la seguridad de que, en lo importante, su pareja será consistente en sus compromisos, por lo que no les importa tener que dar apoyo o reafirmarlos cuando los encuentren ansiosos o de mal talante. Como todos, tienen sus fallos, pero en general destacan por ser parejas dignas de una total confianza, pues ellos mismos confían y se sienten cómodos dentro de una relación afectiva.

- **Personas con apego de tipo «evasivo».** En la infancia estuvieron al cuidado de alguien de quien no recibieron el afecto necesario. O, por cualquier otra razón, no tuvieron la cantidad de afecto suficiente. También llamados «evasivos atemorizados», mantienen la idea de que depender afectivamente de otro es algo que hay que evitar, porque así quedó marcado en su inconsciente. Estas personas, cuando crecen, adoptan una postura emocionalmente independiente. Se guardan las cosas para sí, sin pedir apoyo a su pareja, parecen distantes, porque tienen miedo de ser heridos, o simplemente por que no les gusta confiar sus sentimientos e ideas íntimas. Su aspecto es «duro y silencioso». Dejan que su pareja disponga de libertad para hacer lo que le parezca.

- **Apego de tipo «preocupado».** Fueron niños que recibieron cariño y atención pero de una forma irregular. Por ejemplo, estuvieron a cargo de una madre que pasaba de mostrarse muy cariñosa y solícita a ignorarlos por un período muy largo. Necesitan compensar el miedo a ser ignorados o abandonados en cualquier momento. De mayores son parejas que cuidan la relación; se esfuerzan por gustar, por complacer, por obtener atención; por reafirmar que son queridos. A menudo son celosos, porque tienen un miedo latente a perder su fuente de afecto. Hacen sentir a sus parejas que las necesitan y aman en gran mesura.

- **Apego de tipo «ambivalente».** Han sido niños cuya primera relación afectiva fue vivida con ambigüedad. Por ejemplo, una madre muy afectuosa y muy exigente a un tiempo, que atrae y agobia a su hijo. Pueden ser muy atentos, pero de repente replantean y modifican la situación. A veces parecen románticos y a veces apartan a su pareja «de un empujón». Es como si temieran que la fuerza de sus sentimientos les hiciera vulnerables o manipulables ante el otro. Resultan compañeros amorosos muy excitantes en el sentido de que son impredecibles, pasan de un extremo al otro.

La seguridad y las preferencias personales

Como hemos visto, las personas buscan sentir seguridad mediante la relación próxima con otros y, según sea su tipo de apego, cada persona ofrece un potencial para dar seguridad a su pareja. Los que tienen un apego de tipo «seguro» son los mejor dotados para proveer de seguridad a sus parejas. Tienen una idea optimista de lo que una relación afectiva y próxima puede ofrecer, por lo que se muestran comprensivos y amorosos la mayor parte del tiempo. Por ello, y tal como algunos estudios han demostrado, las personas con estilo de apego seguro son las más buscadas por cualquier tipo de personalidad para mantener una relación afectiva.

Las personas que tienen apego de tipo «inseguro» son las más adecuadas para ofrecer seguridad a los que tienen apego de tipo «preocupado». En cambio, no son capaces de establecer vínculos gratificantes para aquellos individuos que poseen apego de tipo «ambivalente».

Los que tienen un apego de tipo «preocupado», cuando pueden, escogen una pareja con apego de tipo «seguro», –ya hemos dicho que los de tipo «seguro» son los más solicitados– y de no poder, tienden a involucrarse con parejas cuyo apego es de tipo «ambivalente». La razón es bastante evidente, ya que sus actitudes se complementan a la perfección, mientras el primero va cambiando, el otro va preguntándose por qué, preocupándose por dichos cambios, y adaptándose a los deseos y a la actitud de su pareja. Estas relaciones suelen ser bastante desiguales y conducir a la insatisfacción de uno de los miembros de la pareja, normalmente la de tipo «preocupado».

Según esta teoría, las personas con apego de tipo «evasivo», si bien pueden resultar atractivas por su estilo independiente, son las menos deseadas para poner en marcha una relación de proximidad afectiva, pues, lógicamente, son los menos capaces de dar la seguridad que las personas de todo tipo buscan.

Las cuentas pendientes

Muchas personas, debido a un problema infantil en la relación con el progenitor del sexo opuesto, mantienen, –a menudo sin saberlo– un agravio contra todos los miembros del mismo.

Una persona que haya sufrido mucho a consecuencia de que su progenitor le humillaba, le pegaba, se reía de ella, o le ignoraba de pronto sin dar ninguna explicación, mantiene *in mente* la idea de que si desea y quiere a alguien va a sufrir, así que en el fondo tiene miedo y evita las relaciones cercanas, por mucho que se sientan atraídas por alguna persona en concreto.

La única solución en este caso, es que las personas que hayan vivido experiencias de este tipo, se den cuenta de que deben dejar de odiar a quien les hizo daño y perdonarle, para verlo sólo como un hombre o mujer más entre todos los hombres o mujeres, y no generalizar el carácter hostil de la persona que les hirió.

Sólo intentando individualizar y concretar su tema, sin hacerlo extensivo a todas las personas, podrán llegar a confiar y comprender que no todos son de la misma manera. Mientras sigan odiando, seguirán sufriendo.

Una relación de pareja feliz puede ser mucho más difícil para alguien que no tuvo una buena relación con sus progenitores. No obstante, una persona puede recuperar la fe en el amor perdonando a esos seres humanos en concreto, intentando entender la postura que adoptaron sus padres y que las razones que motivaron su comportamiento distante o violento nada tienen que ver con ella.

Si este trauma infantil no se consigue superar, puede tener nefastas consecuencias para las personas afectadas, así como para los que intenten involucrarse sentimentalmente con ellas.

En el test que verás a continuación, en la página 78, encontrarás una serie de frases descriptivas de las diferentes conductas que puede tener una persona.

Debes puntuar cada frase de acuerdo a la conducta de parejas anteriores que hayas tenido. Hazlo pensando por separado en cada una de ellas. Puedes elegir hasta cinco casos, o según el número de parejas que hayas tenido o puedas recordar.

TIPO DE APEGO QUE TIENEN TUS PAREJAS

Nada: 1 punto/ Poco: 2 puntos/ Algo: 3 puntos Bastante: 4 puntos/ Mucho: 5 puntos	Puntuación
1. Me demostraba lo bien que estaba conmigo con detalles.	
2. Se mostraba cercano/a y confiado/a conmigo.	
3. Le gustaba que me acercase a él/ella y que yo le cuidase y confiase en él/ella.	
4. Nos comunicábamos muy bien y con confianza.	
5. Tenía confianza en sí mismo/a, pero no en el sentido arrogante, si no en el de sentirse realmente tranquilo/a y seguro/a.	
6. Le costaba mucho pedir ayuda o consejo.	
7. Le era muy difícil mostrarse vulnerable y depender emocionalmente de mí.	
8. Yo sabía que si intentaba presionarle para que confiase más, se ponía nervioso/a, o se alteraba.	
9. Es todo un reto lograr intimar con alguien de su estilo.	
10. Su aspecto desapegado e independiente era atractivo, pero a veces me hacía sentir frustrado/a.	
11. Era un poco celoso/a porque tenía miedo de perderme.	
12. Estaba pendiente de gustarme.	
13. Me resultaba cómodo que mi pareja cuidara la relación.	
14. Si sospechaba que le apreciaba menos, su ansiedad crecía.	
15. Necesitaba que le reforzara con constantes atenciones.	
16. Su inconstancia me hacía dudar de si yo le importaba.	
17. A veces estaba muy motivado/a, pero de repente cambiaba.	
18. Pasaba de buscarme fervientemente a mostrarse distante conmigo, sin motivo aparente.	
19. Yo deseaba que fuese más coherente, pues su actitud hacia mí era inconsistente.	
20. No se entregaba totalmente y lo nuestro no funcionó.	

Resultados

Rellena el siguiente cuadro colocando la puntuación obtenida en la casilla correspondiente a cada afirmación. Suma los totales de cada columna.

Si la máxima puntuación la obtienes en las preguntas del 1 al 5, la pareja que has evaluado corresponde al tipo de apego **seguro**. Del 6 al 10 corresponde al tipo **evasivo**; del 11 al 15, su tipo de apego es **preocupado** y del 16 al 20 **ambivalente**.

	seguro		evasivo		preocupado		ambivalente	
1		6		11		16		
2		7		12		17		
3		8		13		18		
4		9		14		19		
5		10		15		20		
total:								

Como es lógico que una persona no sea completamente de un tipo u otro, sino que en su personalidad haya un tipo predominante pero también contenga rasgos de otra índole, completa tu corrección siguiendo las mismas pautas que te indicamos al inicio de este ejercicio.

	seguro	evasivo	preocupado	ambivalente
Total puntuación				
Tipo de apego				

EJERCICIOS DE REFLEXIÓN

1. Apunta cinco frases descriptivas de cómo te comportas con personas de tipo evasivo.
2. Describe en cinco frases cómo te comportas con personas de tipo preocupado.
3. Por último, anota cinco frases que expliquen cómo te comportas con personas de tipo ambivalente.

EJERCICIOS DE ACCIÓN

1. Piensa cinco maneras en las que alguien puede mostrarse seguro mientras mantiene una conversación con una persona del otro sexo.
2. Piensa en un personaje del sexo opuesto al tuyo que consideres muy seductor y atractivo. Enumera cinco cosas que le hacen resultar así.

Realizar el test y los ejercicios anteriores te será muy útil para averiguar exactamente qué significan los diversos tipos de apego que antes se explicaron en teoría. Asimismo sabrás, no sólo lo que buscaban tus anteriores parejas y lo que pueden llegar a buscar las futuras, sino también lo que tú buscas por tu tipo de apego, que tal como se ha descrito procede de la relación parental que se ha tenido en la primera infancia.

A continuación, se reproduce un texto de la escritora Susan Edwards que resulta meridianamente claro en el sentido de lo importante que es superar la dolencia creada por el padre del otro sexo para poder amar en la vida adulta. Se trata de la descripción de los sentimientos de un niño durante su infancia:

Mi madre era muy cruel. Creo que una cosa que me ayudó a acabar con mi maleficio fue comprobar que en mi vida había otras mujeres que me querían, me trataban cariñosamente y a las que parecía importarles de verdad. Mi tía Mary era así, y también la madre de mi amigo Mark, un vecino de mi calle. Las dos me abrazaban, parecían alegrarse a mi llegada y sonreían mucho cuando hablaban conmigo. Para cuando estaba en el tercer curso ya sabía que no todas las mujeres eran crueles como mi madre. Algunas eran cariñosas. Y cuando supe esto, concluí que el problema no estaba en mí. El trato de mi madre siguió afectándome durante mucho tiempo, pero no me hizo odiar a todas las mujeres ni rechazar mi naturaleza sensible.

Mi maestra intentaba ayudarme. Me había retrasado en los deberes, así que ella se sentaba conmigo en el aula durante el recreo y me ayudaba a ponerme al día. Al final del año, cundo teníamos que irnos, lloró. Yo nunca había visto llorar a ninguna mujer por tener que separarse de mí. No sabía lo que significaba porque sólo estaba en segundo de primaria, pero sabía que era algo bueno. Ahora sé que significaba que me quería. Todavía hoy le estoy agradecido por haberme dado eso.

Una vez aclarado el panorama y confortado por la lectura anterior, tu objetivo debe ser seleccionar tres conductas, por lo menos, de las que has enumerado en el segundo ejercicio de acción (las que hacen resultar a alguien atractivo y seductor), para emplearlas tú mismo en una conversación con alguien del sexo opuesto. Porque, no hay duda de que si eres capaz de reconocer esas conductas en otros, también puedes aprender a conducirte tú de esa manera atractiva y seductora.

Steven Carter y Julia Sokol, autores de diversas obras de gran éxito sobre las relaciones de pareja, comentan que todas las mujeres tienen al menos una historia para contar de un hombre que desapareció o no apareció cuando se suponía que debía hacerlo. «Sin importar lo inusual de las circunstancias o lo intrincado de sus explicaciones, los hombres que desaparecen son tan comunes como los ratones de campo», dicen con humor. «Cuando un hombre desaparece así, no está tirado, medio muerto en una calle sin salida, gritando tu nombre. Toda mujer se siente mal cuando un hombre desaparece de pronto, aunque no le guste tanto como pensaba, porque ese comportamiento desata y refuerza el miedo infantil de ser abandonada».

En estas páginas queremos añadir a la reflexión anterior, que esto no sólo les sucede a las mujeres con los hombres. También hay hombres a los que han dejado «plantados» en una cita, o que se han visto frustrados por mujeres, de una u otra manera, y sus sentimientos y dolor son los mismos que los de las mujeres, porque ellos también temen ser abandonados.

Pero queremos alentarte diciéndote que no te detengas por la posibilidad de cometer un error con otra persona o por miedo a que la relación te haga daño. La autora Nadine Stair hace referencia a una anciana de nada menos que 85 años, que declaraba que si volviera a nacer cometería más errores, se tomaría las cosas menos en serio y se arriesgaría más. Si se atreve a pensarlo alguien de esa edad, ¿cómo no te vas a atrever tú a actuar? Es todo un desafío, acéptalo y actúa en consecuencia. Lo que te espera es mejor de lo que puedas imaginar.

Capítulo 11

El constructo del amor. El rol que se desea desempeñar

Cuando empieza a luchar consigo mismo, es cuando un hombre vale.

Robert Browning

Benjamin Disraeli, estadista y escritor inglés, decía que «el gran secreto del éxito en la vida, estriba en que un hombre esté preparado para cuando sobrevenga su opurtunidad».

Como hemos señalado anteriormente, la felicidad no se deriva de haber obtenido ciertas metas –ya que nadie suele sentir felicidad por haber bebido agua cuando ya no tiene sed–, sino del sentimiento de confianza en uno mismo, el darse cuenta de que se podrán realizar nuestros deseos en el futuro.

La satisfacción tiene que ver con lo que nos hemos demostrado a nosotros mismos que somos y, sobre todo, el sentirnos seguros de lo que podemos llegar a ser, lo que de forma consciente o no, desearíamos ser. Cuando una persona se enamora, cree que quien ha elegido para amar posee las características personales de las que ella carece, pero desearía poseer. Con la seducción, estimulamos en el otro la búsqueda de las características de las que carece.

La teoría del constructo de Kelly y el amor

Reflexiona unos instantes en este pensamiento del autor Charles F. Hall:

Sembramos nuestros pensamientos y cosechamos nuestras acciones,
sembramos nuestras acciones y cosechamos nuestros hábitos,
sembramos nuestros hábitos y cosechamos nuestros caracteres,
sembramos nuestros caracteres y cosechamos nuestro destino.

En efecto, cuando obtenemos lo que deseamos, solemos verlo como menos valioso, que es lo que nos quiere decir con su metáfora el pensador antes citado. Es entonces cuando un buen razonamiento nos empuja a sentir que tenemos más confianza y aprecio en el poder demostrado al obtener lo que deseábamos, que en lo que hemos conseguido.

Solemos caracterizarnos por el rol que representamos en la vida. Dependiendo del mismo, obtenemos unas cosas u otras. De modo que, antes que nada, debemos saber qué tipo de persona deseamos ser y sólo después sabremos lo que realmente vamos camino de lograr. El problema es que la mayor parte de las personas no saben qué rol desempeñar para ser felices.

En este sentido es muy importante saber lo que es un constructo. Los constructos son propiedades bipolares. Por ejemplo, sabemos que algo es bajo porque hay cosas altas. Esto se puede aplicar extensivamente a todos los valores, comparativa y bipolarmente: bajo-alto; hablador-callado; flaco-gordo...

Toda persona se caracteriza por destacar en unos determinados constructos. Esto queda muy claro realizando un esquema que por su formato se denomina «parrilla».

El empleo de la parrilla de constructos

Algunos autores que han trabajado sobre estos temas, entre ellos Frank Crane, afirman que no se alcanza el triunfo porque se ignora lo que se quiere o porque no se desea con fuerza suficiente. Ejercitarse con la parrilla de constructos sirve a ambos fines y es sumamente clarificadora, si tenemos dudas o confusiones acerca de la persona ideal, así como de las relaciones que debemos evitar. En el ejemplo, se puede ver un esquema de parrilla que todavía se ha de completar.

nombre constructo											nombre constructo
1: Muy cierto/ 2: Bastante cierto/ 3: Algo cierto/ 4: Ni sí, ni no 5: Algo falso/ 6: Bastante falso/ 7: Muy falso											

En la cabecera de la parrilla, deben escribirse los nombres de las personas más importantes de nuestra vida, dejando una columna para la persona que sería ideal. En el margen izquierdo, o columna de constructos, se escriben las características que destacan de las personas que hemos elegido. En las casillas del centro de la parrilla, se anota la puntuación de cada persona dentro de ese constructo.

La puntuación va desde el 1 hasta el 7. Es preferible rellenar por filas, es decir, por constructos. Después nos preguntamos: «¿Cómo es la persona idel en este constructo?», poniendo «S» o

«N» en cada casilla según corresponda al polo 1 o al polo 7, lo que hemos puesto que esa persona es.

Para poder visualizar de una ojeada como está cada personaje ante nosotros y entre sí, sólo hemos de observar si es «S» (sí se acerca a la persona ideal) o «N» (no se parece a la persona ideal) para ese constructo, colocando las veces en que no coincida con el ideal en rojo.

De esta forma tendremos una clara demostración de que algunos rasgos que creíamos que nos gustaban de alguien, en el fondo nos desagradaban y también reconoceremos el tipo de persona que realmente se acerca más a lo que nos gustaría. Y

nombre / constructo	Juan	Papá	Néstor	Montse	Luisa
Juan es optimista	1 s	3 s	3 s	3 s	6 n
Papá es tierno	2 s	1 s	3 s	2 s	2 s
Néstor es tozudo	3 s	3 n	1 s	6 s	6 s
Montse es sincera	4	4	3 s	1 s	2 s
Luisa es estable	2 s	6 n	3 s	3 s	1 s
Gerardo es maleducado	3 n	7 s	2 n	6 s	6 s
José es inteligente	5 n	6 n	2 s	3 s	2 s
Sonia es intuitiva	6 n	5 n	1 s	3 s	6 n
Yo soy ingenua	7 s	2 n	2 n	5 s	2 s
Persona ideal es buena	7 n	2 s	3 s	2 s	6 n
1: Muy cierto/ 2: Bastante cierto/ 3: Algo cierto/ 4: Ni sí, ni no					

podemos comparar la descompensación que hay entre cada persona y el «ideal». Comprobaremos también que esos constructos en los que deseamos cambiar, o en los que se difiere entre nuestro yo «real» e «ideal», son los que más nos «enamoran» en alguien. El ejercicio de la parrilla es una forma útil de reconocer tus carencias para mejorar. (O de aprender como «enamorar» a otro, una vez te has fijado en sus defectos).

A continuación, te invitamos a rellenar tu propia parrilla. Sigue los pasos que te indicamos en el ejemplo y te resultará muy sencillo. Aunque puedes poner a quienes consideres más importante, es positivo que incluyas a:

Gerardo	José	Sonia	Yo	Persona ideal	nombre / constructo contrario
6 N	7 N	1 S	2 S	1	pesimista
4	6 N	1 S	2 S	1	severo
3 N	5 S	6 S	4	6	adaptable
5 N	6 N	2 S	1 S	1	hipócrita
7 N	1 S	1 S	2 S	1	inestable
1 S	5 S	7 S	6 S	7	educado
6 N	1 S	1 S	7 N	1	tonto
7 N	2 S	1 S	3 S	1	racional
1 N	7 N	6 S	1 S	7	seguro
6 N	6 N	2 S	3 S	1 S	mala
5: Algo falso/ 6: Bastante falso/ 7: Muy falso					

1. Madre
2. Padre
3. Hermano (o persona cercana)
4. Hermana (o amiga íntima)
5. Pareja más importante
6. Amistad del mismo sexo más importante
7. Conocido que tiene más éxito
8. Conocido que es más feliz
9. Conocido que es más infeliz
10. Persona próxima que no te gusta
11. Persona próxima que te hace sentir mal
12. Profesor más admirado
13. Profesor más despreciado
14. Persona que te gustaría conocer mejor
15. Persona del otro sexo muy importante

1º. En la columna superior sombreada, colocaremos el nombre de las personas elegidas. En la parrilla del ejemplo Juan es el conocido más feliz, la figura del padre es un de las más queridas. Néstor representa a una persona cercana, en este caso, un primo. Montse sería una de mis mejores amigas. Luisa, al igual que Néstor, representa un familiar cercano. Gerardo es el conocido que es más infeliz. José representa a una pareja anterior. Sonia sería una de las personas que merecen más confianza. Por último estaría la columna que nos representa a cada uno de nosotros (Yo) y la de la persona ideal.

2º. En la columna vertical de la izquierda, colocaremos los constructos, es decir, la característica que mejor define a las personas que hemos colocado en la columna superior. Hacerlo siguiendo el mismo orden que se indica en el ejemplo.

3º. Ahora, colocaremos en la columna de la izquierda, los constructos contrarios a los anotados a la derecha. Por ejemplo, si Juan es optimista, lo contrario es ser pesimista.

4º. En el siguiente paso vamos a puntuar a cada persona siguiendo la puntuación establecida al final de la parrilla. Muy cierto es 1, bastante cierto es 2, algo cierto es 3, etcétera. Empezaremos por la primera columna horizontal. Como consideramos que Juan es optimista, en la casilla pondremos la máxima puntuación, es decir, un 1. Papá, Néstor y Montse son algo optimistas. Luisa y Gerardo son poco optimistas. José no lo es, por eso tiene en su casilla un 7. Yo me considero bastante optimista y la persona ideal tamibén tiene, como Juan, la máxima puntuación, un 1.

5º. Procederemos de la misma manera que en el paso anterior con cada uno de los constructos que hemos apuntado, hasta rellenar por completo la parrilla.

6º. Ahora vamos a comprobar quiénes, de las personas que hemos apuntado, se acercan más al ideal. Si la puntuación se acerca al ideal pondremos una S, si no es así, colocaremos una N. Si nos fijamos en el ejemplo, tanto Montse como Sonia, las dos mejores amigas, coinciden con la persona ideal. Yo sólo difiero en dos características y Gerardo, el conocido más infeliz, es quien más difiere de la persona ideal.

La parrilla de constructos es muy útil a la hora de comprobar qué rasgos son los que más nos agradan en las personas que nos rodean y qué defectos son los que nos alejan de ellas.

Cuando formamos la personalidad de ese alguien ideal que nos gustaría encontrar, lo hacemos con las características positivas que hallamos en nuestros seres queridos.

Una vez analizamos los resultados, podremos apreciar qué características tienen importancia para nosotros y si las poseemos. Si es así, la acción a tomar es la de potenciarlas en nuestra relación con los demás. Si, en cambio, no poseemos dichas cualidades, debemos adoptar una actitud consciente para cambiar. De esta manera, y gracias a los resultados obtenidos en la parrilla de constructos, mejoraremos nuestros rasgos negativos y potenciaremos los positivos.

EJERCICIOS DE REFLEXIÓN

1. Durante el fenómeno del enamoramiento sucede que alguien se va convirtiendo para ti en la persona ideal. Si puedes recordar la experiencia en la que más enamorado te hayas sentido, intenta apuntar las cinco razones por las que esto ha sido así.
2. ¿Cómo hubieras descrito a dicha persona mientras estabas enamorado/a? (Hazlo en cinco frases).
3. ¿Cuáles fueron los cinco rasgos más negativos que viste en esa persona al llegar el desamor?

El objetivo de los anteriores ejercicios es que, en el caso de la primera pregunta, descubras qué características de otros te hacen regresar a tu yo infantil y vulnerable. Si puedes aprender y tenerlo en cuenta la próxima vez que te enamores, ganarás seguridad.

En el caso de la segunda pregunta, las frases con las que respondas reflejan lo que ansías más imperiosamente que alguien te aporte en la vida. Si puedes intentar desarrollarlas por tu cuenta, aumentarás tu autorrealización y dependerás menos de los demás.

Por determinadas carencias personales, lo que respondas a la tercera cuestión, pertenece al ámbito de lo que tiendes a pasar por alto en las personas con las que tratas. Intenta ser más exigente al respecto y ganarás en objetividad.

EJERCICIOS DE ACCIÓN

Elabora tu propia parrilla de constructos, de acuerdo con el modelo de las páginas 86 y 87.

Capítulo 12

¿Por qué elegimos a una persona para amarla?

Quien sabe del dolor todo lo sabe.

DANTE ALIGHIERI

Mucha gente se ha hecho estas preguntas: «¿Cómo estuve tan ciego para acabar otra vez con alguien así?, ¿cómo fui a parar con una persona tan opuesta a lo que yo deseaba?». Siempre existe una explicación, que se pormenorizará en este capítulo y que puede ayudar a comprender el origen de los propios desengaños, y no culpar a los demás por norma.

Amor propio y amor

Conseguimos lo que creemos que vamos a conseguir. Muchas personas, a menudo sin saberlo, no creen merecer amor y esa es la razón por la que se involucran en relaciones negativas o dan la espalda a las positivas.

Maslow (1954), definió dos tipos de amor: uno que llamó **amor deficiencia**, que parte de nuestras carencias o, lo que es igual, cuando predecimos que otra persona va a satisfacer nuestras necesidades y, por lo tanto, la amamos porque le «agradecemos» el hacerlo. Así resulta un amor condicionado, que espera recibir recompensas. Busca y pide satisfacerse.

Al otro tipo lo llamó **amor del ser**. Este amor se basa en la aceptación del amado, sólo por ser quien es. Se siente «amor del ser» apreciándolo y aceptándolo en su esencia, al igual que se puede valorar una bonita melodía que jamás se había oído antes; no se necesita, no se usa, sólo nos dejamos conmover por su naturaleza. Es un amor puro, desinteresado, propio de personas satisfechas y capaces de dar. Aprendemos a vivirlo al hacernos maduros, fuertes e independientes.

El amor romántico nos es presentado culturalmente como una fuente capaz de apagar toda clase de sed. Por ello, cuanto más insatisfechos, más predispuestos nos encontramos para experimentarlo. Así, las personas pueden enamorarse demasiado cuando sienten una insatisfacción o déficit en sus propias vidas. Este amor correspondería al tipo de «amor deficiencia» descrito por Maslow.

Amar a una persona por lo que es, resulta bueno en cualquier grado. Es un sentimiento físico y psicológico que nos ennoblece y nos permite ser felices cuando el otro lo es. Cultiva nuestra autoexpresión, nuestra honestidad, la libertad de mostrarnos tal como realmente somos. Nos permite abandonar las defensas para poder ser totalmente comprendidos y aceptados. Amar a alguien de esta forma es satisfactorio en sí mismo.

El amor romántico, tal como lo entendemos, es un tema central de nuestra cultura. Somos, desde que nacemos, adoctrinados en la idea de que el amor romántico es, en el fondo, lo más importante, el único real.

Sin embargo, los antropólogos describen que en ciertas culturas primitivas el amor pasional ni siquiera existe. Cuando preguntan a los miembros de ciertas tribus sobre sus sentimientos pasionales, su reacción es de asombro y de duda: ¿Cómo puede alguien ponerse así? ¿Qué tiene que ver la atracción por un miembro del otro sexo con todas esas reacciones insensatas? De hecho pueden tener razones para extrañarse de nuestro romanticismo. ¿No supone éste una expectativa, a veces, completamente desmesurada?

Volver a la misma situación

Tanto sea el garaje donde guardamos el coche, como el trabajo, como la piscina a la que vamos a nadar, las personas tendemos a volver al mismo lugar al que hemos ido desde la primera vez. Buscamos dar una continuidad y una seguridad a nuestras vidas en este mundo cambiante y tendente al caos. Sin ser conscientes de ello, procuramos repetir las situaciones ya vividas. En el plano emocional también intentamos hacerlo, con independencia de que las experiencias vividas hayan sido positivas o negativas. Establecemos asociaciones inconscientes como las que siguen a continuación:

– Si estuve aquí ⇨ éste es mi sitio.
– Si éste es mi sitio ⇨ aquí debo estar.
– Si estuve aquí ⇨ aquí debo volver.

Este tipo de afirmaciones pueden resultarnos útiles en muchos aspectos para garantizar nuestra supervivencia y tranquilidad, pero sus consecuencias son, a menudo, perniciosas para la vida emocional de las personas. Por ejemplo:

– Amor ⇨ Padre.
– Padre ⇨ Inestable, y crítico (le temo).
– Amor ⇨ Inestable y crítico.

De este modo, partiendo de la asociación de ideas anterior, una persona en la que no se puede confiar, ambivalente e imprevisible, se convierte en alguien normal. Si además tiene la costumbre de insinuar nuestros fallos o criticarlos, es más que eso, es alguien por quien puedo sentir un gran amor porque le temo. Las personas se sienten en terreno familiar cuando alguien les hace revivir lo que sintieron durante su infancia.

Los niños creen lo que creen sus padres. Si éstos piensan que el niño no es lo bastante bueno, inteligente o guapo, entonces él tampoco lo creerá. Aunque no se usen las palabras exactas para decirlo, esto queda impreso así en el inconsciente.

En la vida adulta nos daremos cuenta que solemos relacionarnos con personas con las que esta teoría se cumple. Por ejemplo: «No soy lo bastante bueno, por eso estoy con alguien que no me ama». O, también: «Soy antipático por eso mi pareja me maltrata».

Lo peor de todo esto es que cuanto más positiva intenta mostrarse la persona, más fácil será que pase por alto las veces en que una pareja es injusta con ella, ya que siempre acabará por justificarlo a nivel inconsciente.

Todos hemos establecido asociaciones positivas cuando éramos niños y también las tratamos de reproducir en nuestra vida adulta. Pero las asociaciones más dolorosas son las que nos dan más luz acerca de por qué no conseguimos estar con las personas que deseamos.

La mente inconsciente trata de completar aspectos emocionales que quedaron por resolver en la infancia, eligiendo a personas que ayuden a recrear sus dramas infantiles. Se busca una pareja parecida a un progenitor o a otra figura importante, para superar la frustración pendiente. Una vez lograda la persona para recrear la situación, hay dos alternativas:

- **«Esta vez te conseguiré»**. La persona se esfuerza una y otra vez por atraer a una pareja que, tal como hacía el progenitor, no la recompensa de la forma en que desea.
- **«Te enterarás de lo que es perder»**. Los que guardan rencor al progenitor a causa de haber padecido emocionalmente, utilizan a la persona parecida al mismo, para obligarle a luchar por obtener su amor y hacerle daño rechazándola, es decir, se vengan con otra persona.

Los fallos en la elección

A medida que reconocemos como ha sido la propia historia afectiva y nos damos cuenta de cuáles son los puntos de carencia, miedo y dolor, va madurando nuestro criterio de lo que es «digno de amor» para nosotros. Vamos optimando nuestra comprensión de lo que en verdad nos hace felices, lo que nos conviene realmente, es decir, aumentamos de manera más crítica y positiva nuestra capacidad de elección.

El aumento de nuestra capacidad selectiva hará más difícil que lleguemos a enamorarnos de una persona antes de saber si hay compatibilidad, o que nos dejemos deslumbrar por el deseo o la seducción material. Una vez reconocemos cuáles son los patrones erróneos que seguimos en nuestras relaciones, tenemos recorrida la mayor parte del camino y sólo nos queda adoptar una postura encaminada a erradicarlos.

EJERCICIOS DE REFLEXIÓN

1. Apunta el nombre de algunas parejas anteriores tuyas, escoge las que hayan significado más o con las que has tenido una relación más larga y, para cada una, escribe los cinco defectos más importantes que tenían.
2. ¿Cuáles son las diferencias más grandes entre lo que estás buscando conscientemente en estos momentos y lo que realmente has experimentado en tus relaciones pasadas?

El objetivo de la primera pregunta es que seas consciente de los defectos que se repiten. Si alguno aparece con mayor frecuencia que otros, préstale mucha atención, porque es el primero de tu lista. Es el defecto que tendrás que tener más en cuenta en el futuro y al que habrás de cambiar si deseas ser más feliz.

El objetivo de la segunda pregunta es que hagas conscientes tus sentimientos y no cedas a impulsos erróneos.

EJERCICIOS DE ACCIÓN

1. Haz una lista de cinco experiencias dolorosas que recuerdes de tu niñez y anótalas.
2. ¿Qué decisiones tomaste sobre ti mismo o los demás a raíz de cada una de estas penosas experiencias? Si no se te ocurre una respuesta, pasa a otra experiencia y vuelve a la primera más adelante. Por ejemplo: «Si me enfadaba se reían de mí. No puedo quejarme, si me quejo, es mucho peor». O: «Papá nunca estaba en casa y me prestaba atención muy pocas veces. Si confías en un hombre, abusa y hace lo que quiere contigo».
3. Confecciona la lista anterior pero, para cada experiencia, anota una decisión consciente y adulta. Añade para cada nueva decisión, una conducta que puedas realizar para demostrarlo. Por ejemplo: «Sí puedo quejarme, porque aunque se rían, pierdo más si callo. La próxima vez que me llamen a gritos, me quejaré». O: «Puedo confiar en un hombre si me demuestra que es íntegro. Voy a entablar más amistad con mi compañero de trabajo porque me escucha».

El objetivo de estos ejercicios de acción es que realmente lleves a la práctica tres de las acciones que has propuesto en la pregunta anterior. Aprenderás a expresar lo que sientes, a comunicarte mejor y, sobre todo, tu comunicación será coherente. El primer paso de gigante para hallar lo que buscas y la persona que te conviene.

Capítulo 13

El triángulo del amor

La mayor parte de las personas llegan a ser tan felices como se proponen.
ABRAHAM LINCOLN

Resulta de suma importancia saber exactamente qué es lo que se busca en una relación, para obtenerlo. Cada persona es tratada del modo en que ha enseñado a la gente a que lo haga. Y, además, es difícil obtener lo que se desea mientras se ignora lo que realmente se busca.

¿Qué es exactamente lo que quieres cuando piensas en la pareja ideal?

Para contestar a esta pregunta será útil considerar que toda relación de pareja se compone de tres dimensiones, según el psicólogo Robert J. Sternberg.

- **Pasión.** La atracción física, que puede medirse por la respuesta que provoca el cuerpo físico del otro. Cómo atrae la pareja por su volumen, su color, su olor, sus movimientos.
- **Intimidad.** La amistad, el sentimiento de compañerismo, de confianza mutua, es lo que desarrolla este componente. Equivale al grado de identificación psicológica, a cómo la pareja es alguien emocionalmente próximo.
- **Compromiso.** La decisión de acoplar la propia vida a la del otro. Determina el grado en que la pareja se involucra en

acuerdos, obligaciones e intereses recíprocos. Son vínculos que pueden o no estar materializados en contratos y obligan o condicionan la conducta de ambos integrantes. A corto plazo es la decisión de tener una relación real y, a medio y largo plazo, es el componente que hace posible la duración de la pareja en el tiempo. Abarca desde un compromiso para verse los sábados, pasar los fines de semana juntos, salir cada noche, comprarse una casa, vivir juntos, casarse, tener hijos, etcétera, y puede desarrollarse más y más, materializándose, cada vez en mayor grado, la relación.

Cada una de estas tres dimensiones puede darse en diversa proporción, condicionando la relación de tipo diferente. Para que ésta sea satisfactoria y sólida es necesario que las tres evolucionen de forma similar.

La simpatía genera la amistad y, ésta, el amor íntimo. La atracción genera la relación sexual y el amor pasional. El compromiso parece carecer de la fuerza de estos componentes, pero mientras éstos evolucionan constantemente en el tiempo, a veces debilitándose, como de hecho suele suceder con la pasión, es el compromiso el que permite mantener la relación.

Si representamos a cada uno de los tres componentes en uno de los vértices de un triángulo, la dimensión de cada uno de ellos condicionará la forma de esta figura representativa de la relación. Según el grado en que se desarrolle cada una dará lugar a un triángulo o relación diferente.

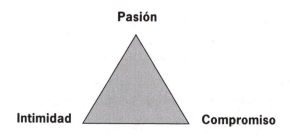

¿Cómo saber si alguien es potencialmente nuestra pareja ideal?

Si los tres componentes se desarrollan dentro de una cierta proporción, la relación crece (el triángulo aumenta de dimensión). Si, por el contrario, cierto componente se rezaga o se dispara, la relación de amor de pareja se descompensa y se vive como incompleta (triángulo desequilibrado). Así, la intensidad del amor está representada por la superficie del triángulo y el equilibrio del amor por su forma.

Además de permitir hacer gráfico el carácter de una determinada relación en un momento concreto, este sistema hace posible compararlo visualmente con lo que idealmente se desea de una relación, mostrando cuál es el grado de satisfacción que se está logrando exactamente. En términos psicológicos equivale al refuerzo que nos proporciona y, por tanto, las posibilidades de perseverar en ella o hacer que la relación no se extinga.

Para saber si una persona determinada responde a lo que puede interesarnos como pareja, hemos de preguntarnos si es potencialmente adecuada en las tres dimensiones para nosotros. A continuación, se ofrecen algunos ejemplos de relaciones de pareja en función del desarrollo de sus tres dimensiones.

El amor equilibrado es pasión + intimidad + compromiso.

La relación completa

Los tres componentes crecen proporcionalmente, a medida que la relación sigue adelante. Se trata de una relación completa en la que la persona amada es amiga íntima, amante y, además, alguien realmente comprometido a adaptar su vida a la nuestra. Ni el compañerismo, ni la pasión, ni las obligaciones mutuas, toman un papel absorbente o preponderante en exceso.

Amor-afecto

Sentimos proximidad emocional hacia la otra persona, igual que con un buen amigo, pero no despierta nuestra pasión, ni decidimos pasar nuestra vida junto a ella. A veces, es difícil distinguir un amor como éste del simple cariño. Una buena prueba la obtenemos con la ausencia. Si al separarnos de esa persona tendemos a preocuparnos y sentir carencias, habremos probado que es un sentimiento que supera el cariño, ya que nadie se queda aferrado emocionalmente a un simple amigo.

Un ejemplo típico de este tipo de relación sería una pareja que lleva muchos años conviviendo, su comunicación es buena, pero su relación física se ha enfriado hasta el punto de ser prácticamente inexistente.

Amor insensato

No tiene nada de recíproco, son los amores no correspondidos y ardientes basados en la fantasía, no en un conocimiento real, tipificados por una persona, que desea intensamente a alguien que de hecho es un/a desconocido/a, con quien no se tiene ni tan siquiera diálogo.

La carencia del componente intimidad puede ser algo deliberado o consecuencia de la inseguridad, a veces generada por el fuerte correlato de excitación física. Se trata de un tipo de amor que, aun siendo insensato, puede llegar a ser obsesivo y duradero en el tiempo. Por ejemplo, Alberto se enamoró de Ana el primer día de clase. Temblaba nada más verla. Precisamente por eso no se atrevió a abordarla hasta bien entrado el curso. Cuando lo hizo, eran tantos los nervios acumulados, que ella lo tomó por tartamudo y raro. Después de 15 años coincidieron en un trabajo. Alberto estaba felizmente casado y no revivió aquel aguijón hormonal cuando hablaron, comprendió que Ana no le gustaba tanto como persona, que todo había sido producto de su imaginación, fruto de una obsesión puramente física e irracional.

Amor vacío

Dos personas siguen juntas aunque ya no hay pasión, tampoco están próximos emocionalmente; no sienten simpatía el uno por el otro, pero perseveran por alguna razón que escapa a la relación en sí.

Por ejemplo, Natalia ya ni recuerda la última vez que su marido la besó, no se acercan el uno al otro salvo si se cruzan en el estrecho pasillo de su vivienda. Lo cierto es que dejaron de hablar de temas relevantes hace años y ahora no se tienen ninguna confianza.

Natalia no entiende por qué él no la deja, ya que supone que tiene una relación con otra mujer. En ocasiones, se confiesa a sí misma que desea romper con su marido, pero no cree que pudiera salir adelante sola, ya que no dispone de los medios económicos necesarios. Se trata de una relación de dependencia ante la falta de recursos propios.

Amor literario

En estas relaciones hay intimidad y sexo, pero no llega a tener lugar un compromiso. Son los amores ensalzados por la literatura. Si no se desarrolla el factor C, o compromiso, la realidad social y material acaba rompiéndolas.

Se trata de historias que parecen ideales, pues tienen los componentes «fuertes»: intimidad y pasión, pero no logran consumarse en vínculos estables, porque a uno, o a los dos, no les es posible comprometerse en el momento necesario.

Son innumerables los motivos que pueden darse para que una pareja que se ama «intensamente», no pueda cuajar en una relación de compromiso. Desde oposición paterna, pasando por esperas para labrarse un futuro económico, malos entendidos que crean alejamientos, problemas de salud, los más diversos conflictos que surgen pocos días antes de la fecha fijada para la boda, etcétera.

Amor rutina

En este tipo de relación existen unos compromisos comunes: unas tareas a cumplir en equipo, tales como atender a los hijos, y una amistad y compañerismo a nivel íntimo; pero ya no hay pasión, por lo que falta el factor básico del amor de pareja.

Por ejemplo, los hijos de Roberto y Adelina ya están casados. Después de 45 años de vida en común, ambos son felices juntos y comparten varias viejas aficiones, como la jardinería o jugar a las cartas, y casi todas las tardes colaboran en cuidar de sus tres nietos. Su relación se ha convertido en un modo de vida rutinario, en una costumbre.

Amor por contrato

Hay relación física y contractual, pero falta la dimensión «intimidad», la amistad. Suelen ser las parejas construidas sobre un interés. Si no desarrollan un sentimiento de identidad entre las partes, son frustrantes, pues imponen una carencia afectiva.

Por ejemplo, Mónica se casó con Jaime porque ya creía ser demasiado mayor para encontrar al «hombre de su vida» y él era el mejor de sus pretendientes. Su estilo de vida era ejemplar y él se casó enamorado. Pero, con el paso de los años, la indiferencia de ella, fue frustrando la ilusión que él tenía. Actualmente son una familia numerosa y estable, pero entre ellos hay un muro invisible a nivel emocional.

Cuándo tomar la decisión

El período en que una pareja empieza a citarse debe servir, teóricamente, para que ambos disciernan si el otro tiene potencial para que se den los tres rasgos que conforman el triángulo amoroso o no. Esto debe estar claro antes de que la relación traiga mayores consecuencias. Lo que suele pasar es que las personas en este primer tiempo están demasiado ilusionadas y excitadas para realizar planteamientos lógicos o, por el contrario, rechazan de forma apresurada al candidato por un rasgo superficial. Aprovechar esta época para analizar con calma el tipo de persona que se está conociendo, es mucho más fácil si el individuo se pregunta acerca de cada uno de los tres rasgos del amor pleno: «¿Me atrae de verdad?», en el sentido físico. «¿Podría ser su amigo si fuera de mi sexo?», afinidad humana. «¿Me convendría comprometerme con alguien en sus circunstancias vitales?», interés social.

EJERCICIOS DE REFLEXIÓN

1. Describe un fin de semana vacío, que represente todo lo que detestas. (Hazlo en cinco frases).
2. Describe un fin de semana ideal, que represente lo que más deseas. (Escribe cinco frases sobre lo que te gustaría que sucediera en el transcurso del mismo).
3. ¿Cuáles son las cinco diferencias típicas entre quienes viven fines de semana como el vacío y quienes acostumbran a vivirlos como el que has descrito como ideal?

El objetivo de estos ejercicios es ayudarte a descubrir el perfil de la persona que coincide contigo. Y, por el contrario, quién puede ser incompatible.

Si contestas las preguntas y haces las descripciones y las recuerdas, cuando hables con un posible o potencial amor, formúlalas a esa persona y sabrás cómo piensa y cómo se siente.

Los siguientes ejercicios tienen como objetivo concreto el obtener una ocasión o cita con alguien del sexo opuesto cuya compañía te agrade. Si lo consigues, debes aprovechar para realizarle el máximo número de estas preguntas de forma natural, ¡No lleves chuleta!

Todas estas preguntas son útiles para conocer a una persona y confirmar que coincide contigo o, por el contrario, que no sois

EJERCICIOS DE ACCIÓN

Sobre su niñez y familia

1. ¿Cómo fue su niñez?
2. ¿Cuál es su recuerdo más antiguo de la vida? ¿Qué recuerda de su primer día de escuela?
3. ¿Cuál es su peor y su mejor recuerdo del instituto?
4. ¿Disfrutó en la escuela? ¿Cuál era su asignatura favorita? ¿Por qué?
5. ¿Cuál fue su profesor favorito y por qué?
6. ¿Qué es lo que más le gusta recordar de su vida familiar?
7. ¿Tiene algún otro recuerdo agradable de su vida familiar?
8. ¿Se llevaba bien con los miembros de su familia?
9. ¿Se querían sus padres?
10. ¿Cómo se veía a sí mismo cuando tenía 5 años?
11. ¿Quién es su pariente favorito? ¿Por qué?

Sobre temas sociales

1. ¿Qué le hace disfrutar de la vida?
2. ¿Cuándo y cómo conoció a su mejor amigo?
3. ¿Tiene algún prejuicio? ¿Cuál?
4. ¿Está de acuerdo con la pena de muerte?
5. Si tuviera que escoger algo para llevar a una isla desierta, ¿qué sería? Y si tuviera que llevarse a una persona, ¿a quién llevaría?

Sobre ocio

1. ¿Qué hace cuando está a solas en un día de fiesta?
2. ¿Cuáles son sus deportes favoritos? ¿Y sus aficiones?
3. ¿Qué género de películas le gusta más?
4. Pídele que describa a su primera pareja: ¿quién rompió? ¿por qué?
5. ¿Qué rasgos físicos le atraen?
6. ¿Cuál sería su pareja ideal?
7. Pídele que describa un momento en la vida en el que recuerde haberse sentido muy solo.
8. ¿Le gustan los niños?
9. ¿Qué le enfada?
10. ¿Su mejor cualidad?
11. ¿Cómo se ve a sí mismo dentro de diez años?

Escribe las respuestas que recuerdes cuando estés a solas.

1. ¿Cuántas preguntas pudiste recordar y hacerle? ¿Cuántas respuestas has podido recordar?
2. ¿Qué sentirías tú si alguien te hiciese estas preguntas?

afines. No te preocupes por preguntar. El interés halaga a las personas y hace que se sientan protagonistas cuando alguien les interroga de manera gentil y delicada.

En cualquier caso, es importante realizar este tipo de práctica porque, como recomienda la escritora Bárbara de Angelis en su libro *¿Eres mi media naranja?*, para elegir pareja deberíamos proceder como cuando elegimos alimentos en un supermercado. Verificar su calidad, su aspecto, su peso y, sólo entonces, decidir si nos llevamos el artículo en cuestión. Sólo así, afirma, aprenderemos a percibir a las personas con el corazón y no sólo a verlas con los ojos, y atraeremos a nuestra vida a parejas mucho más compatibles con nuestra personalidad.

Debemos asegurarnos de que nuestras potenciales parejas no tengan adicciones, cólera, victimismo, afán de control, problemas sexuales, inmadurez, distanciamiento emocional, rencor por relaciones pasadas, traumas de infancia y otros muchos problemas, que inevitablemente pesarán en una futura relación, haciéndola frustrante o deteriorándola irremediablemente.

El camino de conocer es también el camino para aprender a amar. Según el doctor Connell Cowan todos somos capaces de una gran pasión, sentirnos vivos es la esencia de la misma. Si alguna frustración en la infancia, o una limitación de los adultos ha hecho que no expresemos libremente nuestros sentimientos apasionados, podemos hacer algo al respecto si lo sabemos, si aclaramos el problema. Una vez que lo hagamos, podemos expresar nuestros sentimientos con entera libertad y sentir plenamente nuestras emociones para demostrarlas a los demás.

Esto es algo deseable para todas las personas y su compensación es inmensa. Por eso, es importante que te pongas ahora mismo a la labor. Te espera la plenitud de un gran amor, no te detengas hasta alcanzarlo.

Capítulo 14

Cómo saber si alguien es adecuado para ti

No estás enamorado de ella, sino enamorado de la vida a través de ella.

STEWART EMERY

En el capítulo anterior se expusieron las condiciones que necesitamos para decidir adecuadamente a quienes elegir. A partir de ahora, pasaremos a analizar los rasgos relevantes que debemos considerar en la otra persona, antes de involucrarnos con ella en una relación.

¿Qué criterios son los realistas?

Suponemos que cada persona es consciente de que su decisión ha de ser sensata, y razonable, que cada uno sabe bien qué tipo de persona es y cuáles son las cosas que le hacen sentirse feliz en la vida. Si es realmente así, ya se están cumpliendo una parte de las condiciones, las del sujeto que busca emparejarse. Pero, si alguien concreto le atrae para iniciar una relación de pareja estable, también hay que saber si dicha persona reúne los requisitos o condiciones mínimos para hacer realidad el proyecto.

¿Valdrá la pena invertir tiempo y afecto en ella, o es mejor dedicarnos a otra? Para responder con claridad a esta pregunta debemos conocer a la persona en cuestión y, para ello, su personalidad debe ser analizada de acuerdo a los siguientes criterios, que se acompañan de unas preguntas que ayudan al lector a reflexionar.

Atractivo físico y compatibilidad sexual. ¿Me satisface?

Esta pregunta puede obviarse, pues una atracción «química» es condición previa para interesarse por alguien y necesaria para que exista una satisfacción real y sexual. Frecuentemente, es este atractivo el que nos hace considerar la posibilidad de escoger a una persona, con lo cual esta pregunta se puede dar por sobreentendida, aunque el panorama es diferente si la amistad, el compañerismo o la iniciativa, parten de otra persona y es eso lo que nos lleva a verla como posible pareja.

Ejemplos de preguntas sobre este criterio:

- Cuando le ves, ¿tienes respuestas físicas de fuerte emoción?
- ¿Responde en algún sentido a tu prototipo de lo que sería una persona atractiva?
- ¿Acude espontáneamente su recuerdo a tu mente?
- ¿Te gusta como huele?
- ¿Te resulta grata su proximidad?

Capacidad de tener intimidad. ¿Podemos confiar el uno en el otro?

En este caso se trata de valorar si hay indicios de que alguien nos haga sentir a gusto con nosotros mismos; si promueve en nosotros un sentimiento de comprensión mutua al conversar, etcétera. El saber que una persona puede ser nuestra amiga se expresa en multitud de pequeños detalles.

Ejemplos de lo que te debes preguntar:

- Estando juntos, ¿pasa rápido el tiempo?
- ¿Le cuentas cosas personales?
- ¿Te las cuenta a ti la otra persona?

- ¿Su presencia te hace sentir confianza?
- ¿Te sientes comprendido/a por él/ella?

Respeto. ¿Me ve como alguien autónomo?

Lo que ahora estamos evaluando es si la otra persona te percibe como alguien con una vida propia, autónoma e importante o, simplemente, como un satélite que deberá girar a su alrededor. El saber si la otra persona es egocéntrica, si lo ha sido con sus anteriores amores, con su familia, si tiene buenos amigos, etcétera, puede ser de gran ayuda. Pero, además, lo importante es si es egocéntrico contigo, ya que una misma persona puede ser egoísta con unos y abnegada con otros.

Ejemplos de preguntas sobre este criterio:

- ¿Presupone que habéis de veros cuando quiere?
- ¿Presupone que no habéis de veros si no quiere?
- ¿Te escucha de verdad y con interés cuando hablas?
- ¿Aprecia tus cualidades?
- ¿Tiende a preocuparse sólo de sus asuntos?

Consideración y cuidados. ¿Va a tratarme correctamente?

Este criterio sirve para valorar si una persona tiene en cuenta nuestros sentimientos y necesidades. Si bien no es deseable que aspiremos a una gran cantidad de demostraciones por parte de los demás en ese sentido, debemos considerar la capacidad que tienen de ser amables y sensibles ante lo que necesitemos. La felicidad en una relación está hecha de pequeños gestos.

Preguntas que debes plantearte:

- ¿Es capaz de mimar a las personas con su trato?
- ¿Demuestra atenciones cuando está a tu lado?
- ¿Se preocupa por evitarte activamente las incomodidades?

- ¿Tiene buena disposición para ayudarte?
- ¿Notas que piensa en ti en su trato cotidiano?

Humor. ¿Mi niño interior lo pasa bien con el suyo?

Se trata de determinar si realmente os hacen sentir felices y contentos las mismas cosas. Si una persona se divierte haciendo payasadas y a otra le parece que eso resulta ridículo, no pueden pasarlo bien juntas. Puede que quien desprecia las payasadas, se sienta feliz haciendo comentarios irónicos y sarcásticos y que, al oírlos, al que hace el «payaso» le parezcan despectivos y petulantes, cuando no dolorosos. Es bueno que alguien tenga sentido del humor en general, pero debes considerar si, en particular, su sentido del humor te hace gracia a ti y te divierte.

Ejemplos de preguntas sobre este criterio:

- ¿Comprende tus bromas y le hacen reír?
- Cuando cuenta un chiste, ¿te hace gracia incluso la manera como lo explica?
- ¿Le hacen gracia los mismos humoristas que a ti?
- ¿Sucede que una escena que a ti te hace mucha gracia, la otra persona no la capta?
- ¿Te parece alguien soso o divertido?

Apertura a la evidencia. ¿Se da cuenta de las cosas o es rígida al cambio?

Se debe establecer si la otra persona es capaz de darse cuenta de la información que recibe sobre los temas importantes o, por el contrario, tiende a deformar o a ignorar los datos que le obligarían a cambiar sus ideas.

Preguntas que debes plantearte:

- ¿Es una persona algo rígida y se pone a la defensiva al expresar sus ideas?

- ¿Demuestra saber adaptarse a situaciones nuevas?
- ¿Crees que tiene visión de futuro?
- ¿Utiliza frases dogmáticas como: «por norma, yo nunca...»?
- ¿Está alerta ante la realidad de las personas o las etiqueta?

Fiabilidad y compromiso. ¿Es alguien sólido o es desaprensivo, poco digno de confianza?

Ahora se trata de plantearnos si la persona es honrada o interesada en sus relaciones personales. Toda relación requiere la confianza mutua de que el otro no va a salir corriendo ante un problema, sino que es una persona en quien se puede confiar. Para regular esta dependencia se inventaron los contratos: casarse, comprar un piso, etcétera. Pero lo definitivo aquí es si hay motivos sólidos para confiar en que una persona no nos falle, pensar en la relación como si estuviera pensando en asociarse con dicha persona en un negocio.

Ejemplos de preguntas sobre este criterio:

- ¿Es alguien que considera que el fin justifica los medios o es, por el contrario, alguien honesto moralmente?
- ¿Tiene algún hijo al que no quiere ver o que no le quiere ver?
- En el fondo y a la hora de la verdad, ¿demuestra «ir de listo/a» por la vida?

Capacidad de negociación. ¿Podemos comunicarnos para negociar nuestras diferencias?

Debemos verificar si entre nosotros y otra persona es posible discutir sin pelear. Se trata de si el estilo de un individuo al conversar o de llegar a acuerdos es compatible con el del otro. Este punto es muy importante, pues para que una relación perdure en el tiempo, ha de estar blindada para las diferencias de opinión que, inevitablemente, surjan, aunque se diga que «dos no pelean si uno no quiere».

Ejemplos de preguntas sobre este criterio:

- ¿Has convivido unos días seguidos con la otra persona?
- ¿Sientes que expresas y controlas bien tu rabia cuando te enfadas con ella?
- ¿Tenéis una relación tormentosa?
- ¿Es alguien con quien se puede hablar absolutamente de todo?
- Cuando estás mal, ¿sabe «llevarte» o consigue «desquiciarte»?
- ¿Os reconciliáis pronto después de una discusión?

Compatibilidad de aficiones. ¿Nos gusta hacer las mismas cosas?

Como es obvio, a nadie le gusta absolutamente lo mismo que a los demás y cada persona necesita un marco de privacidad en su ocio. Pero, una relación en la cual ambos están siempre ocupados en actividades incompatibles, es muy difícil e ingrata. Hay que ver si, en líneas generales, el estilo de vida al que aspira uno es similar al del otro.

A este respecto, debes preguntarte:

- ¿Quiere tratar a la gente que te gusta?
- ¿Conversáis largamente?
- ¿Tenéis algún hobby o deporte compartido?
- ¿Hay voluntad sincera por tu parte de interesarte por lo que hace en sus ratos de ocio?
- ¿Su descripción de «un fin de semana ideal» coincide en más de un 50% con la tuya?

Compatibilidad de valores. ¿Su filosofía de la vida ataca a la mía?

Hay que considerar si la otra persona tiene actitudes compatibles con las nuestras, acerca de las cosas más importantes:

- Amistad, ¿hasta dónde cree que debe llegar la misma?
- Vida familiar, ¿hasta dónde cree que obliga la familia?
- Religión, opiniones generales sobre lo que es la religión.
- Materialismo, importancia que da al dinero y las posesiones.
- Intelecto, valor que otorga a los razonamientos y análisis.
- Estética, valor que tiene la belleza de un objeto.
- Social, conductas de ayuda y solidaridad.
- Sensualidad, valor que se concede a los placeres de la carne.
- Hedonismo, valor de la diversión.
- Carrera, valor de la profesión.
- Aire libre, preferencia por salir fuera o estar en casa.
- Deporte, valor que se da a hacer ejercicio.
- Autonomía, respeto por la independencia y sentido de equipo.
- Convencionalismo, valor que concede a las tradiciones, al *statu quo*.
- Roles sexuales, lo que se espera que haga «él» y lo que se espera que haga «ella», ¿coincide?
- Otras consideraciones (diferencia de edad, cómo será como padre o madre, si gustan de sus respectivas amistades).
- Hábitos cotidianos (orden, alimentación, dormir a oscuras o con luz, etcétera).

Tal como se ha comentado en relación a otros criterios, nadie piensa igual a los demás en todos los aspectos, así que lo decisivo en este apartado, es preguntarse:

- ¿Lo más importante para la otra persona en la vida coincide en algo con lo más importante para nosotros? (Seguridad, afecto, poder).
- ¿Qué consecuencias implica para nosotros, adaptarnos a la otra persona?
- ¿Tienes la convicción de que te compensa adaptarte?
- ¿Sabes que no puedes esperar nada a cambio de lo que des?

- Si tus respuestas han sido afirmativas, ¿estás dispuesto/a a cambiar de actitud?

Las respuestas no son correctas o incorrectas, son para hacer pensar y debe hacerse especialmente si, dentro de un mismo criterio, todas las respuestas dadas indican que no se cumple el mismo.

Como es lógico, no todos los factores analizados pueden haber dado una respuesta positiva, por eso hay que valorar si es razonable esperar que dadas las respuestas, a medio o largo plazo, la relación con la persona en que se esté pensando aporte, o pueda aportar en el futuro, mayor número de satisfacciones que de problemas.

Es especialmente importante considerarlo de forma sincera y clara ante uno mismo, pues el atractivo físico y el enamoramiento, tienden a ser ciegos y a mermar nuestra capacidad de clarividencia. Además, la intención de ser sincero/a contigo mismo/a te permitirá reconocer cuando una posible pareja no te conviene, lo cual te será muy útil, pues no importa lo bien que te portes, ni lo conveniente que seas tú para la otra persona, ésta seguirá siendo poco conveniente para ti.

En general, se acaba dando con aquello que se busca, por lo que es decisivo tener cuidado en observar el sentido en que alguien nos afecta, pensando si este sentido es lo que realmente deseamos.

Si quieres un determinado modelo de relación has de tenerlo presente. Al fin y al cabo, sólo hay una forma de lograr lo que se desea y es tener claro lo que es.

En el test que encontrarás a continuación podrás comprobar si la persona que tienes en mente en estos momentos es compatible contigo. En las columnas puedes poner el nombre de posibles parejas y en cada recuadro puntuarlas del 1 al 10, según sea más o menos acertada cada frase aplicada a cada candidato. Para proceder de forma ordenada, es conveniente responder por turno. Es decir, primero todas las preguntas para una persona; una vez terminado el test para la misma, pasar a otra y, así, sucesivamente. El número de candidatos al test es ilimitado, depende de ti.

Al final, se realiza una comparación de la puntuación obtenida por las diversas personas testadas y se comprueba si su personalidad se ajusta en mayor o menor grado a la nuestra.

Test — ¿ES UNA PERSONA VÁLIDA PARA TI?

1. Siento que es sincero conmigo.	
2. Me es fácil abrirme y contarle cosas.	
3. Se comporta en forma justa conmigo.	
4. Tiene detalles y me trata con cuidado.	
5. Nos lo pasamos bien juntos.	
7. Entre los que le conocen tiene fama de persona fiable.	
8. Sabe rebatir mi opinión de forma positiva.	
9. Tenemos varias aficiones comunes.	
10. Comparte mis valores morales.	
11. Es tan sociable como yo.	
12. Espera conductas lógicas de mí.	
13. La música que le gusta también me gusta a mí.	
14. Si estoy mal, su presencia me consuela.	
15. No me importa que conozca mis fallos.	
16. No intenta cambiarme ni manipular mi vida.	
17. Es muy amable y correcto al tratarme.	
18. Nos hacen gracia las mismas bromas.	
19. Si me pasa algo, se da cuenta y aprende de ello.	
20. Se porta muy bien con los que dependen de él/ella.	
21. Aunque esté enojado/a, se puede dialogar con él/ella.	
22. Disfrutamos haciendo las mismas cosas.	
23. Tiene un interés por el ejercicio físico semejante al mío.	
24. Piensa como yo en cuanto a gastar dinero.	
25. Entiende mi modo de compartir los trabajos domésticos.	

EJERCICIOS DE ACCIÓN

1. Ordena los 10 siguientes criterios de acuerdo a la escala de importancia que tú les concedes a cada uno de ellos. Para determinar si alguien es adecuado para ti, puntúalo en relación a cada criterio, en el nuevo orden que has establecido.
   - Atractivo físico.
   - Capacidad de tener intimidad.
   - Respeto.
   - Consideraciones y cuidados.
   - Sentido del humor.
   - Apertura a la evidencia.
   - Fiabilidad y compromiso.
   - Capacidad de negociar las diferencias.
   - Compatibilidad de aficiones.
   - Compatibilidad de valores.

2. Para cada uno de los criterios, explica muy detalladamente cómo se reconoce que alguien tiene esa capacidad y añade el nombre de alguien que crees que la tiene. Trata de no repetir la misma persona para distinto criterio. No necesariamente tiene que ser alguien que conozcas personalmente. Por ejemplo, puedes poner que Brad Pitt o Julia Roberts tienen atractivo físico, aunque tú sólo los hayas visto en el cine.

3. En los días siguientes en que hayas completado el ejercicio anterior, trata de mantener una conversación con algunas de las personas cuyo nombre has citado, para aclarar o comprobar si, en efecto, sus rasgos de carácter responden al criterio en el que las has incluido.

El objetivo de estos ejercicios es saber si te dejas llevar por presupuestos o si tus análisis coinciden con la realidad de la personalidad de los demás. O, lo que es lo mismo, verificar en la práctica, si tienes un juicio acertado con la gente.

Esto te será de gran utilidad en cualquiera de los casos: si encuentras fallos en tu forma de analizar a las personas, podrás ajustarlos con facilidad en el futuro, porque no hay mejor forma de aprender que en la práctica y por propia experiencia. Y, si descubres que tu juicio es acertado, ganarás una seguridad y autoestima muy valiosas, porque te darás cuenta de que estás en el buen camino para encontrar a la persona adecuada.

Capítulo 15

Los caracteres compatibles

El eneagrama es la clave para las relaciones perfectas.

ELIZABETH WAGELE

El eneagrama es un instrumento que permite ampliar el auto-conocimiento y el mecanismo de compatibilidad de una pareja.

Según el eneagrama, el carácter de una persona o su tendencia habitual a comportarse de una determinada forma, se apoya en un rasgo esencial, un sentimiento que la persona intensifica, a la vez que niega. Es como si la mente tuviera nueve caras y descansara en una de ellas, la cual fundamenta el carácter.

En la medida en que alguien reconoce cual es su sentimiento dominante y consigue expresarlo, puede llegar a darse cuenta de que toda su forma de ser anterior, no es más que una dramatización. Es decir, que la persona en cuestión estuvo invirtiendo una extraordinaria cantidad de energía en negar un sentimiento tabú. Así, al dejar de ocultarse a sí misma su sentimiento básico, se comprende mejor y puede liberarse, prescindiendo cada vez más de su carácter exterior que pasa a revelarse como una simple máscara de falta de autenticidad.

¿Cuál es tu tipo?

- **Tipo 1.** Persona perfeccionista, para quien el sentimiento esencial es la ira. La forma de expresarla indirectamente es ser estricto y crítico consigo mismo y con los otros. Para contrarrestar este sentimiento intenso aparenta ser bienhechor, mediante una preocupación excesiva por la bondad moral. Es una persona con una tendencia compulsiva que le motiva a mejorar y ser intachable en todo. Suele ser muy aseada y pulcra, bien sea en su aspecto físico o en su conducta ética. Detrás de sus intenciones, se esconde un fuerte impulso hacia la agresión que, inconscientemente, siempre debe controlar.

- **Tipo 2.** Persona amable, para quien el sentimiento esencial es el orgullo. Su forma de negarlo es mostrarse muy atenta y afectuosa, expresando siempre emociones positivas hacia los demás, a la vez que reprimiendo cualquier cosa que pudiera herirlos. Como consecuencia tiene problemas para pedir lo que quiere con claridad y expresar sus exigencias. El resultado es una persona manipuladora que intenta que los otros le complazcan, sin reconocerlo claramente. Es quisquillosa y susceptible, pues siente que da más de lo que recibe. Detrás de su solicitud existe una inmensa soberbia y alimenta una autoimagen gigante, mediante fantasías, así como también logrando la aprobación de ciertas personas, que previamente se encarga de etiquetar como «autoridades». Son personas con tendencia histriónica.

- **Tipo 3.** La ejecutiva, para quien el sentimiento predominante es la vanidad, el deseo de ser considerada y tener éxito, que intenta lograr siendo productiva y eficaz. Siente ser lo que los demás piensan que es, dedicando todos sus esfuerzos a impresionarlos. Son personas productivas. Intentan validar ante el mundo su propia imagen, al contrario que las orgullosas que la validan a nivel interno. Trabajan constantemente para hacerse un buen marketing. Tienen energía y son excelentes trabajadoras, prácticas, responsables, delegadoras y competentes. Pero acostumbran a ser egocéntricas y superficiales, competitivas y embusteras con quienes les rodean.

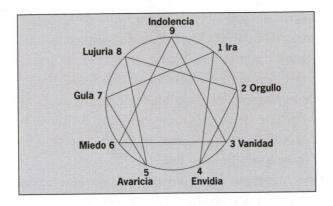

- **Tipo 4.** La romántica, para quien la pasión predominante es la envidia, que no es más que vanidad frustrada. Se caracteriza por su afán de parecer diferente, comprender sus sentimientos y evitar ser ordinaria. En el fondo, es su forma de protegerse de la intensa sensación de deseo frustrado que habita en su interior. Son personas creativas y cálidas, con mucha vida interior, pero con una tendencia depresiva y retraída. En sus peores momentos pueden parecer tercas y rivalizar con quienes intentan ayudarles. Tienden a sentirse abandonadas, pero son ellas las que suelen quedarse aparte.

- **Tipo 5.** Observadora, para quien el sentimiento predominante es la avaricia. En general quiere acumular. Igual que el tipo anterior, se siente vacía y carente, desea saber y comprender. Su tristeza se manifiesta como apatía y falta de entusiasmo. Tiene poco acceso a los sentimientos, es distante. Le gusta sentirse autosuficiente, y le da pánico sentirse absorbida o invadida. Son personas objetivas, prudentes, formales, tranquilas, pero que se muestran obstinadas y timoratas en sus momentos bajos.

- **Tipo 6.** Las que dudan, cuyo sentimiento predominante es la cobardía. Tienen un miedo intenso incluso a sus propias respuestas, que intentan negar. Temen escoger mal o equivocarse. Se trata de una actitud que convierte a este tipo de personas en dependientes del apoyo y de la conducción de figuras de autoridad tales como instituciones, ideologías, religiones. Son las que buscan circunstancias que les hagan sentirse seguras, para defenderse del miedo. Tienden a ser atentas e ingeniosas, pero adolecen de una faceta desconfiada y paranoide que les hace reaccionar de forma imprevisible, como por ejemplo pasar de aguantarlo todo a, de repente, mostrarse belicosas o huidizas.

- **Tipo 7.** Epicúreas, para quienes el sentimiento predominante es la gula, no necesariamente de alimentos, sino de amor, aprecio, aprobación, en general de lo que sea bueno para disfrutar de la vida. Desean ser felices y evitar los padecimientos, se muestran pacíficas, suaves, dulces y, sin embargo, en su interior habita un profundo miedo y una codicia enorme. Se trata de personas orales, receptivas. Son aficionadas a divertirse, espontáneas, alegres y generosas. Pero, cuando están negativas, resultan distraídas, informales, tozudas y egoístas.

- **Tipo 8.** Jefe, cuyo sentimiento predominante es la lujuria, no sólo lujuria de satisfacción sexual sino de cualquier otro tipo. Es una persona que tiende a los extremos. Suele ser vengativa y algo sádica. Niega el temor y oculta todo sentimiento tierno o compasivo. Se trata de una persona enérgica y veraz que se muestra decidida y tajante ante el peligro, puede incluso bravuconear. Nadie pone en cuestión su valentía, pero pierde el contacto consigo misma al asumir el papel de «leal y justiciera». Sus peores defectos son la inflexibilidad, el sentimiento de posesión y la agresividad. Son personas que prefieren ser respetadas a ser queridas.

- **Tipo 9.** Mediadora, en quien el sentimiento predominante es la indolencia. Si bien esta palabra no resulta exacta, es la menos mala para calificar a este tipo. No se trata de una pereza física, sino espiritual, una resistencia a la intromisión. Se expresa en una falta de vitalidad interna que, paradójicamente, puede asociarse a una gran afectividad a nivel exterior, ya que estas personas, al permanecer activas, se distraen respecto de sí mismas. Buscan la armonía, evitar conflictos y ayudar a los que tienen más cerca. Son, por lo tanto, complacientes, pacientes, prudentes y comprensivas. Sus momentos bajos les llevan a ser obsesivas y demasiado acomodaticias. Dado que son corteses e indulgentes, les cuesta mostrarse agresivas, por lo que en las personas de este tipo, demuestran su hostilidad de forma indirecta.

EJERCICIOS DE REFLEXIÓN

1. La realización del test que se presenta a continuación tiene como objetivo ayudarte a comprender cómo eres tú y cómo es tu pareja, para contrastarlo luego con la misma.

Test   ¿CÓMO ERES?

Siempre falso: 1 punto/ **A veces falso:** 2 puntos/ **Ni sí-ni no:** 3 puntos
A veces cierto: 4 puntos/ **Siempre cierto:** 5 puntos

1. Siempre busco maneras de actuar mejor.	
2. Suelo organizarme las cosas para poder tener tiempo de hacerlo todo bien.	
3. He de contener mis sentimientos hostiles hacia quienes actúan incorrectamente.	
4. Procuro hacer las cosas de manera intachable.	
5. Tengo muy en cuenta el aspecto económico de las cosas.	
6. Soy práctico/a y ordenado/a con mis cosas.	
7. Me hacen sentir agresividad las personas que no cumplen bien con su trabajo.	

8. Mi forma de mostrar afecto es esmerándome en hacer bien lo que depende de mí.

9. Intento siempre autosuperarme y no creo en las cosas regaladas o fáciles

10. Me asaltan a menudo dudas acerca de si estoy actuando de forma correcta.

11. A veces me enfado conmigo mismo/a porque comprendo que dejo de lado mis propios intereses para atender a los demás.

12. Cuando me lo propongo me es muy fácil lograr que alguien tenga buenos sentimientos hacia mí.

13. A pesar de que me porto muy bien con los demás, a veces me siento dejado/a de lado.

14. Me encantan las relaciones personales, soy muy expresivo/a y sociable.

15. Me siento muy incómodo/a cuando tengo que pedir algo para mí.

16. Me resulta muy engorroso decir a alguien algo negativo, aunque haya confianza.

17. Tiendo a comportarme tal como sé que va a complacer a los que me rodean.

18. A veces me duele mucho que se tenga falta de delicadeza conmigo, pues yo soy amable y agradable con los demás.

19. Si alguien me ofende, cuando puedo, me vengo de él a sus espaldas.

20. Suelo alabar a los demás, esmerándome en decir lo que les gusta oír.

21. A veces pienso con envidia en los que tienen más éxito que yo.

22. Más de una vez me han dicho que pongo por delante de las personas, mi carrera y mi ambición personal.

23. Me he esforzado enormemente por llegar hasta aquí.

24. Más de una vez he «bloqueado» el avance de una relación personal para marcar distancias y no llegar tener demasiada intimidad.

25. Sé «estar» y abrirme paso en todo tipo de reunión social.

26. Disfruto contando a mis conocidos las cosas que he logrado en el trabajo, las competiciones en las que he ganado, o las cosas que me he comprado.

27. Para mí no tiene misterio persuadir a alguien de algo determinado, me es muy fácil convencer a las personas.

28. Me he demostrado que soy alguien capaz de hacer las cosas y me voy imponiendo objetivos acordes con mis capacidades.

29. Aunque no haga deporte, mi cuerpo está siempre firme porque soy alguien enérgico, muy activo.

30. Siempre intento dar la talla, demostrar todo lo que soy capaz de hacer, es para mí, un reto.

31. Gusto a los demás porque conmigo apetece hablar, contar cosas personales.

32. Soy muy tolerante y comprendo a quienes tienen problemas.

33. La vida es para mucha gente tan gris y aburrida, que deprime pensarlo.

34. Tengo accesos en los que me invaden sentimientos negativos.

35. Creo en el amor romántico, en que hay almas gemelas que son felices si se encuentran

36. Me gusta la aventura, salirme de la rutina.

37. Soy una persona bastante idealista, con valores elevados.

38. Me gustan las emociones fuertes, querría probar algún deporte de riesgo.

39. Mi indumentaria se diferencia bastante de lo corriente.

40. Algunas veces me siento abandonado/a.

41. Pienso, a veces, que tendría que tener más soltura en el trato.

42. Me agobia la gente indiscreta que se quiere meter en mi vida.

43. Si veo que hay una discusión, yo me aparto y me mantengo al margen.

44. No soporto llamar la atención.

45. Soy muy tranquilo/a y no me importa estar solo/a.

46. Nunca expreso mis sentimientos personales.

47. Soy diplomático/a y sé cómo se debe tratar a un jefe.

48. Nunca comprenderé por qué hay gente tan emotiva a la que sorprende mi actitud flemática, que llaman frialdad.

49. Mis asuntos son mis asuntos.

50. Intento informarme más e ir comprendiendo cada vez más lo que sucede en mi entorno.

51. Me gustan las cosas seguras, saber a qué atenerme.

52. Soy metódico/a y regular en mi trabajo.

53. Cuando estoy ante un peligro suelo esconderme para pasar desapercibido/a.

54. Cuando una situación o persona me colma reacciono de forma súbita, huyendo o plantando cara.

55. Soy una persona precisa y regular en las tareas que se le encomiendan.

56. Soy quisquilloso/a con las personas que quiero, a veces las trato de una forma demasiado dura.

57. Sufro accesos de inseguridad en los que siento ansiedad.

58. Soy alguien muy precavido que tiende a desconfiar.

59. A veces, de pronto, salto y muestro una parte ácida de mí.

60. Me siento cómodo/a disfrutando de mis costumbres; evito realizar «grandes inventos».

61. Soy una persona distraída, con tendencia al despiste.

62. Me es fácil «soltar» ocurrencias brillantes.

63. Mi mente es inquieta, me es fácil planear cosas y engendrar proyectos.

64. Siempre me ha resultado sencillo hacer amistades en cualquier situación, tengo muchos amigos.

65. No soporto esas personas negativas que cotillean o se lamentan de su suerte.

66. En las reuniones soy de las personas que intervienen contando anécdotas y chistes para divertir a los demás.

67. Aprecio las cosas buenas; la mejor calidad, desde la ropa hasta los vinos, están pensadas para mí.

68. Lo paso bien ayudando a los demás a recuperar su sentido del humor con mis comentarios.

69. No soporto a esa gente que trata de controlar a los demás y manipularlos haciendo que se sientan culpables.

70. Siempre he sido alguien curioso que iba buscando cosas nuevas e interesantes.

71. Soy muy leal con mis amigos.

72. Prefiero que se me respete a que se me quiera.

73. Cuando mi causa es justa, soy tajante e inflexible.

74. Puedo ser muy colérico/a cuando llego al límite.

75. Con las personas que quiero me muestro protector/a y pienso en defenderlas.

76. Soy independiente, necesito mis ratos de privacidad.

77. No doy confianza hasta estar seguro/a de las personas, para evitar decepciones afectivas.

78. Algunas personas se enzarzan conmigo en discusiones que yo corto por la vía expeditiva.

79. Mi primera reacción es buscar responsables o culpables de las cosas.

80. Sé que he probado mi valor en las situaciones límites, no me acobardo.

81. Tengo muy en cuenta el estar en un entorno confortable.

82. Si bien por dentro puedo sentir estrés, sé disimularlo ante los demás.

83. Yo soy la persona a la que todos acuden cuando están apurados o se sienten mal.

84. Nunca me he movido motivado por la ambición o el deseo de triunfo personal.

85. Con mi pareja y amigos suelo evitar los altercados, me adapto en pro de la armonía.

86.	La gente me cuenta cosas porque se siente cómoda conmigo.	
87.	Si paso una mala racha no riño ni busco culpables, me lo guardo todo para mí.	
88.	Sé que soy popular porque evito las discusiones y las confrontaciones directas.	
89.	Antes de tomar decisiones se me hace inevitable dudar.	
90.	Espero más logros de la gente que hay a mi alrededor, que de mí mismo/a.	

Tipos

	1	2	3	4	5	6	7	8	9
1	11	21	31	41	51	61	71	81	
2	12	22	32	42	52	62	72	82	
3	13	23	33	43	53	63	73	83	
4	14	24	34	44	54	64	74	84	
5	15	25	35	45	55	65	75	85	
6	16	26	36	46	56	66	76	86	
7	17	27	37	47	57	67	77	87	
8	18	28	38	48	58	68	78	88	
9	19	29	39	49	59	69	79	89	
10	20	30	40	50	60	70	80	90	
total:									

Completar y puntuar correctamente el test anterior en relación a tu propia personalidad y contrastar este resultado con la personalidad de tu pareja, será un verdadero espejo de vuestra relación, compatibilidad y lo que puedes esperar de la misma.

Capítulo 16

Enamorarse usando la cabeza

Conocí la dimensión de mi amor
cuando intenté curarme de él.

GABRIEL DE LAVERGNE

Todas las personas poseen de antemano el potencial para encontrar el amor adecuado: aquél que tenga una profunda intimidad, mutuo cariño, compromiso real y cuidado porque hay empatía. La habilidad para compartir las experiencias emocionales es innata. No obstante, necesitamos ser muy conscientes de nuestros sentimientos para evitar equivocarnos, aceptarlos y, además, estar constantemente alertas a los cambios que se van produciendo en nosotros, qué funciona bien y qué no.

Ahora bien, no debemos excedernos en el empleo de razonamientos y justificaciones que acallen la sabiduría natural y emotiva que todos tenemos para el afecto. Hay que usar la cabeza, pero escuchar siempre al corazón.

La sensatez en los tiempos de enamoramiento

La experiencia de enamorarse en sí misma puede ser un ejercicio muy útil para reeducar el corazón. Es básico ser sincero con uno mismo mientras nos enamoramos. Esto es posible si atendemos a las emociones, además de a las ideas. Los errores tienen lugar cuando escogemos parejas sólo por lo que pensamos, sin contar con lo que sentimos. Nos equivocamos cuando guiamos nuestras relaciones de forma que suceda lo que creemos que debe suceder, quitando importancia a lo que en verdad ocurre, es decir a la realidad.

Por ejemplo, hay personas que cada vez que se enamoran «pierden la cabeza», ellas creen que estar enamoradas equivale a abandonarse a todo tipo de insensatos sentimientos. Pero lo que las hace actuar así es la propia idea que tienen del amor, entendiéndolo como un sentimiento que «puede con todo». Dichas personas identifican que la sensatez es contradictoria con el estado de enamoramiento. Esta actitud conduce al fracaso y, lo más grave es que, en la siguiente, se actuará de igual manera.

La única forma de atender a nuestras emociones es respirar, relajarnos y centrarnos en nuestro cuerpo, impidiendo que la cabeza acalle lo que de verdad sentimos. Vivir las emociones plenamente y averiguar si son placenteras.

Hay formas de comunicarnos con nosotros mismos y saber realmente lo que queremos, lo que nos conviene. La mejor es ver hasta qué punto, estar con determinada persona, irá impactando el conjunto de nuestras vidas. Si las consecuencias son negativas, tal como pueden serlo el deterioro de otras relaciones, bajo rendimiento en áreas como el trabajo o el estudio, sentimientos de nerviosismo, tristeza, ansiedad, etcétera, debemos aceptar que la relación con la persona en cuestión no es adecuada, por mucho deseo y muchas razones que mentalmente parezcan justificar lo contrario.

La atención a los mensajes corporales

Para la mayor parte de las personas es difícil escuchar señales claras emitidas por su cuerpo cuando están con un nuevo amor, porque se sienten totalmente inmersos en el deseo sexual. Puede que desatiendan a su tensión muscular, tengan migrañas, problemas de estómago u otros, lo que significa que lo que deseamos, no es lo que en verdad necesitamos.

Por el contrario, cuando una pareja genera un aumento de energía y vitalidad en otras áreas de la vida, la persona suele ser la más adecuada y conveniente. Al ser algo más que deseo e imaginación, el beneficio se proyecta en todos los aspectos de lo que hacemos. Las preguntas básicas que debemos hacernos son:

- **Rendimiento general.** ¿Esta relación está dando energía a mi vida?, ¿he mejorado en el trabajo?, ¿me cuido más?
- **Conciencia.** ¿Mi cabeza está más centrada?, ¿me siento más efectivo/a, más concentrado/a y responsable?
- **Mejora de otras relaciones.** ¿Siento más empatía con amigos, colegas y extraños?

Si las respuestas que te llegan del cuerpo no son las que quieres oír, intenta controlar el miedo natural al abandono y reconoce la verdad cuanto antes. Darte cuenta de que no has dado con el auténtico amor te ahorrará tiempo y sufrimiento.

Para encontrar a la persona que realmente te conviene, has de saber diferenciar entre lo que necesitas y lo que te gustaría. Un buen modo de adelantarte para saber si alguien es la pareja que necesitas es levantar esa barrera que automáticamente alzas al principio de una relación para protegerte.

Se trata de que te muestres vulnerable en el primer estadio de la relación para revelar si estás enamorándote de una persona real o de una fachada sólo por que tú lo deseas. Por ejemplo, ser el primero en revelar un secreto íntimo en la relación, reírte de ti mismo, mostrar afecto aunque parezca peligroso y comprobar como reacciona la otra persona. Si lo hace de forma cálida y vital, puede que sea una persona capaz de empatizar contigo.

Los resultados de estas pruebas sólo los puedes valorar tú, no puedes delegar en otros, porque se trata de lo que sientas y eso es intransferible. Por eso es tan importante que reconozcas tus verdaderos sentimientos.

Contraste de eneatipos

Según la clasificación MBTI (de los investigadores Myers y Briggs), se puede determinar con cierto grado de fiabilidad a qué eneatipo puede pertenecer alguien. Dicha clasificación atiende a cuatro continuos bipolares:

Contraste de eneatipos	
Extroversión (E)	**Introversión (I)**
Habladores, rápidos, tienden a actuar primero y meditar después.	Reservados, meditan, prefieren la soledad o estar con una única persona.
Sensorial (S)	**Intuitivo (N)**
Realistas, se guían por lo que captan sus sentidos, razonan paso a paso, viven en el presente y son prácticos.	Sus ideas surgen a saltos, su mente presenta más posibilidades que las que están a la vista. Contemplan las cosas de forma «global» y son originales.
Racional (R)	**Afectivo (A)**
Son impersonales, cerebrales, son claros y no quieren que se hurgue en los sentimientos.	Se fijan en las personas, en el tacto, la armonía, la buena comunicación. Son susceptibles y sensibles.
Crítico (C)	**Perceptivo (P)**
Son ordenados, tendentes a tomar decisiones, tienden a ser rápidos y eficaces, más centrados en ser meticulosos y puntuales que en divertirse.	Dejan abiertas opciones flexibles, son tolerantes, y aborrecen los horarios rígidos.

En general, las personas que se parecen tienden a entenderse más y a tener menos conflictos. Las personas diferentes pueden enriquecerse con rasgos complementarios. El que una relación pueda llegar a ser satisfactoria depende de que las afinidades sean suficientes y de que los aspectos complementarios puedan ser útiles.

EJERCICIOS DE REFLEXIÓN

1. Selecciona cinco cualidades que consideres como más importantes para ti en una posible pareja.
2. Explica para cada una de las características elegidas, para qué consideras que es necesaria.
3. Pensando en cada una de las anteriores características, determina para cada una de ellas, cómo te hace sentir que alguien las tenga.

EJERCICIOS DE ACCIÓN

1. Piensa en una persona con la que crees que podría interesarte tener una relación de pareja. Imagínate que decides involucrarte con ella, comprometerte a largo plazo y lo consigues. Supón que han transcurrido unos años y describe en cinco frases cómo crees que te sentirías llegado el caso.
2. Expresa cinco sentimientos que notas hacia la persona que has elegido, que no habías revelado o percibido antes del ejercicio.

El pensador F. Lewald escribió acertadamente que «la verdad es a menudo demasiado sencilla para ser creída». En efecto, si solamente tratamos de hacer una lectura racional de una persona, es posible que una parte de la verdad se nos escape u oculte. Pero hay un instinto, una sabiduría corporal que es innegablemente sincera y es por eso que hay que atenderla. Es una voz interior que no está mediatizada por ideas preconcebidas.

A la vez, el conocer los eneatipos y sus posibles compatibilidades o incompatibilidades y llevar este conocimiento a la práctica con los ejercicios, es una forma de llegar a la verdad por la vía «pensante» y, comparado este conocimiento con los signos del cuerpo, verificar si el todo es coherente. Si resulta así, cabeza y corazón estarán latiendo al unísono y pueden ir en busca de otra cabeza y otro corazón que sea el compatible para vivir un gran amor.

Aunque a veces parezca que el descubrir la verdad de lo que sentimos y de lo que sucede en nuestras relaciones es arduo y doloroso, por lo que tenemos temor de hacerlo, recuerda que como dijo el escritor Henry David Thoreau, «las tinieblas de la noche son lo que permiten ver los astros del cielo». Te ofrecemos la misma comparación que hace el autor, «los sufrimientos igualmente permiten entrever el sentido real de la vida».

Es decir, ¡no temas y a por ello! La recompensa es grande y vale la pena.

Capítulo 17

Practicar con los músculos sentimentales

No sé lo que es bueno y lo que es malo.
Cada vez me resulta más cuestionable.
Bueno es quien posee armonía entre
sus impulsos primitivos y su vida consciente.

HERMANN HESSE

A menudo la gente toma sus decisiones basándose en como cree que han de ir las cosas. Y escogen a una pareja determinada por razones qué tienen que ver más con lo que piensan, que con lo que sienten. Aquí trataremos de cómo podemos ser más conscientes de nuestros sentimientos reales.

Emociones y estilos de apego

La experiencia afectiva de apego infantil, como ya hemos dicho, genera autovaloraciones, expectativas, creencias y defensas sobre lo que cabe esperar de una relación íntima, que condicionan las relaciones de pareja que tenemos cuando somos adultos. Esta impronta afectiva consiste en la tendencia a desarrollar cierto tipo de emoción:

• **Alegría.** Típica de las personas con estilo de apego seguro, se sienten bien en un relación, creen que los otros les permiten hacer lo que quieren. Procesan y recuerdan mejor las cosas positivas, las conductas afiliativas y de ayuda. Interpretan las situaciones ambiguas como positivas. Buscan y generan cosas buenas en la relación.

- **Rabia.** Común en las personas con estilo de apego ambivalente, sienten que en una relación no les dejarán hacer lo que quieren. Así, tienden a percibir o generar bloqueos. Recuerdan las frustraciones y prevén conductas de ataque u ofensivas. Interpretan las situaciones ambiguas como negativas.

- **Tristeza.** Habitual en la persona con estilo de apego ansioso, interpreta siempre lo peor y teme las pérdidas de afecto. Recuerda y capta las decepciones. Predice que le rechazarán y abandonarán. Reinterpreta las situaciones ambiguas como fracasos.

- **Miedo.** Propia de la persona con estilo de apego evasivo, cree no poder sentirse bien en una relación íntima, percibe amenazas y las recuerda más. Su conducta tiende a la indiferencia y al repliegue. Interpreta las situaciones ambiguas como negativas, busca y genera amenazas.

Prestar atención a cómo nos sentimos

La mayor parte de las personas, cuando rompen una relación concluyen que el motivo de la ruptura es «que no se trataba de la persona adecuada». La respuesta está en uno mismo. ¿Cómo afectaba al bienestar general? Como veíamos anteriormente, muchas personas se sienten atraídas por relaciones que no les convienen y que les perjudican.

Para entrar en contacto con las propias emociones pueden tomarse en cuenta los siguientes aspectos:

- En primer lugar plantéate los tres puntos esenciales que se explicaban en el capítulo anterior en relación al rendimiento, porque esto resulta útil para valorar si una comunicación te conviene: ¿aumenta tu energía?, ¿te hace sentir mayor claridad mental?, ¿mejora tu afectividad con las otras personas? Se trata de ser sincero/a contigo mismo/a.

- Intenta informar al otro de cómo te sientes para definir quién eres. Si intentas parecer distinto a lo que en realidad eres, nunca podrás sentirte querido.

- Atiende a tu experiencia emocional; sintoniza con tus sentimientos mientras escuchas a la otra persona. ¿Qué te produce en verdad?

- Demuestra aprecio por el otro en el sentido en que lo pide. Piensa que una demostración que para alguien es agradable, para otra persona puede resultar embarazosa. Se puede «aprender» que es lo que busca el otro, si prestamos una atención real hacia sus reacciones. Una vez que sabemos lo que la otra persona desea, tenemos más poder sobre ella.

- Ante la duda, pregunta. Que alguien te atraiga no significa que puedas leer lo que piensa. La mejor forma de entenderse es hablar claro.

- Trabaja la relación. Mucha gente cree que una vez que da con la persona que le gusta, ya está todo hecho. Por el contrario, una relación es algo que crece o se extingue en función de cómo y cuánto se la cuida.

- Aprende de la otra persona. Una atención consciente y siempre activa te mantiene al corriente de la verdad.

- Pon especial cuidado cuando sientas una emoción de las que en tu pasado te abrumaron. Son de las más peligrosas, difíciles de reconocer, controlar y expresar, cuando las provoca alguien a quien podemos querer como pareja.

- Recuerda que lo único problemático de equivocarse es no admitirlo. Como una comunicación de pareja es algo muy complejo, es fácil cometer errores. Son oportunidades de crecimiento cuando se admiten los desaciertos sin culpabilizarnos.

- Utiliza los cambios como oportunidades de renovar y revitalizar una relación, en lugar de que sirvan para lo contrario, debilitarla o deteriorarla.

EJERCICIOS DE REFLEXIÓN

1. Piensa en una situación que te produjo cierta rabia relacionada con alguien que te atrajo, (no es necesario que fuera tu pareja) y expresa en cinco frases el enfado que sentiste.

2. Escribe cinco frases destinadas a esa persona expresándole con toda nitidez cómo te sentiste y lo que piensas ahora al respecto. (Como no se lo harás llegar puedes escribir con total sinceridad).

El ejercicio anterior te servirá para saber identificar y luego expresar tus emociones, aun las más negativas. Y, aunque en anteriores relaciones no lo hayas hecho en su momento, aprender a hacerlo en las presentes y futuras, no sólo en las de pareja, sino en general.

Recuerda que una emoción negativa que no se exterioriza, se queda haciendo daño dentro. Mientras que cuando la dejamos salir en el momento adecuado, libera, cura y nos sentimos mucho mejor.

EJERCICIOS DE ACCIÓN

1. De las cinco emociones básicas, (alegría, ternura, miedo, tristeza, rabia), di cuál crees que te cuesta más expresar y enumera cinco formas en que se puede exteriorizar de manera correcta.

2. En un lugar tranquilo en el que nadie te interrumpa, siéntate frente a una silla vacía, e imagina que en ella se encuentra una antigua pareja a la que no le supiste expresar de forma adecuada la emoción anterior. Aprovecha para hacerlo hasta «vaciarte» de ella.

3. Enumera por escrito cinco conductas que incorporarás a partir de ahora para expresar dicha emoción.

Diversos estudios han demostrado que la armonía emocional se expresa en la manera en que las personas adaptan sus movimientos a un interlocutor. Cuando la gente se encuentra bien consigo misma y con los demás, se produce una especie de coreografía armoniosa que se nota hasta en los más ínfimos detalles. Dos personas que se acercan la una a la otra al unísono, por ejemplo. Mientras que en caso contrario, una persona puede acercar su silla a otra y al mismo tiempo, ésta puede estar haciendo retroceder su silla para alejarse. En este caso, el psicólogo Daniel Goleman dice que es como si no pudieran componer una buena «coreografía», sino una absurda, desagradable, rota. Porque lo que está roto o no existe es la armonía.

Esto es así en todas las relaciones, es una suerte de sincronía como la que Daniel Stern describió entre madres que se encuentran en sintonía con sus hijos. Es decir que, la sincronía en una relación que se suele expresar en indicadores de proximidad o alejamiento físico, facilita la emisión y expresión de estados de ánimo. Se puede comunicar optimismo o depresión y envolver el clima de una relación en ese preciso estado anímico.

Utiliza estos indicadores, obsérvate y observa a tu pareja potencial o real para saber cómo es vuestra sincronía, si sois capaces de crear una coreografía armónica o no. Piensa que es decisivo, porque como dicen los autores Steven Carter y Julia Sokol en uno de sus libros: «estar casado con la persona equivocada es como estar en prisión». Y, desde luego, nadie quiere eso. Todos amamos nuestra libertad y como sabemos la importancia que ésta tiene para ser feliz, te proporcionamos las claves para que nunca «caigas» en la cárcel de un sentimiento y una relación equivocada.

Capítulo 18

La seducción y la confianza en uno mismo

El proceso de convertirse en un experto en el arte de amar es semejante al de convertirse en un experto en cualquier otra habilidad. Requiere práctica, es el fruto de un compromiso de superación en cada momento.

FRANK ANDREWS

La seducción es clave en cualquier tipo de relación: amistad, trabajo, familia y, sobre todo, amor. Durante varios capítulos se darán las claves y los diversos aspectos del arte de seducir, para que los lectores puedan aprender a desarrollar su propia capacidad de seducción, quizás el arma más poderosa e influyente de cuantas se puedan desplegar en la vida social y afectiva.

Algunas personas viven seguras y cómodas en el papel de ser ellas mismas, siendo auténticas protagonistas allá donde van y ejerciendo un poder de seducción que atrae a muchas de las personas que les rodean. Esta cualidad se percibe desde el primer instante y las capacita para tener todo tipo de relaciones. De hecho, cada uno de nosotros emite unas señales que los demás perciben como un mensaje que configura nuestro grado de atractivo. ¿Puede incrementarse este grado de atracción?

«Seducir» del latín *seducere*, significa llevar o apartar para sí. Viene definido en el diccionario como «embargar o cautivar el ánimo». Seducir a una persona es lograr que genere un interés y un estado de ánimo positivo hacia nosotros. Algunas personas tienen un carisma o gracia innata que las dota de una especial capacidad de atracción.

La seducción es un arte, pero estudiando a las personas con capacidad de seducción, podemos determinar un conjunto de preceptos y reglas necesarios para destacar en este arte y convertirnos también nosotros en artistas.

¿Cómo son las personas seductoras?

Lo que normalmente nos atrae en una primera fase de otra persona es el físico. Pero un buen físico no es más que una tarjeta de presentación, el factor determinante para que una persona resulte seductora es su forma de comportarse. Su físico puede constituir una cuestión básica o *sine qua non,* pero nunca suficiente. Observemos que los grandes seductores, sin ser siempre personas muy bellas, tienen unos denominadores comunes, entre los que podemos destacar:

- **Se aprecian a sí mismos.** Tienen una alta autoestima.
- **Saben cómo hacer sentir a los demás que son apreciables.** Son empáticos, conectan con los demás y les hacen sentirse bien ayudándoles a mejorar, a su vez, el concepto que tienen de sí mismos.
- **Son independientes y saben tomar sus propias iniciativas.** Se sienten protagonistas de sus vidas.
- **Saben cómo motivar a los demás para que se sumen a sus iniciativas.** Tienen poder de convicción, saben como persuadir a otras personas.

Un concepto sano de uno mismo implica sentirse valioso, competente y confiado. Este sistema de actitudes es aprendido. Se han distinguido dos formas de «alto concepto de uno mismo». Uno, que llamamos «genuino», propio de quienes dan poca importancia y relativizan sus fallos y rechazos sociales, es decir, basado en una autoestima genuina. Y otro, que llamamos «defensivo», propio de quienes evitan y niegan reconocer sus fallos y rechazos sociales, que es compensador de una carencia de autoestima genuina.

La importancia del concepto de uno mismo estriba en que éste es el sistema que tenemos para interpretar lo que nos pasa. Tiene pues un efecto acumulativo que tiende a reforzarse a sí mismo en el grado en que existe. De modo que si es alto, se autoconfirma: «Ríe, porque se alegra de verme», o si es deficitario, baja cada vez más: «Ríe porque se burla de mí».

¿Cómo son las personas con un alto concepto de sí mismas?

Los signos que denotan un buen concepto de uno mismo, un alto nivel de autoestima, son:

- La habilidad para modificar ideas y principios, a la luz de la experiencia.
- El no preocuparse por el pasado ni por el futuro.
- La confianza en que se podrá hacer frente a los problemas a pesar de fallos ocasionales.
- La creencia de que tienen un valor equivalente al de las demás personas.
- La sensibilidad a las necesidades de otros.

Numerosos estudios han demostrado que la gente que tiene alto concepto de sí misma suele tender a:

- Olvidar antes sus experiencias de fracaso.
- Evaluar resultados similares como más favorables.
- A no gustar de las personas que no los valoran positivamente.

Además, estas personas son menos influenciables en sus interacciones sociales.

¿Cómo se forma el concepto de uno mismo?

Sabemos que no es algo innato sino aprendido y, por lo tanto, susceptible de mejorar. Aprendemos el concepto de nosotros mismos a base de las valoraciones que recibimos de los demás. Estas valoraciones nos influyen más en ciertas circunstancias, veamos los siguientes ejemplos:

- Cuanto más creíble, sincero, atento, interesado, sea el opinante (para un niño las personas que resultan más creíbles son sus padres).
- Cuanto más perseverante y frecuente es la valoración (de este modo sus efectos serán más fuertes e inmutables).

Precisamente un buen concepto de uno mismo es la base del poder de seducción. El primero de estos factores se puede mejorar para que influya sobre el segundo siguiendo los pasos que mostramos a continuación:

- Tratando personas que nos valoran positivamente y nos aprecian, así como evitando exponernos al trato con quienes nos desprecian.
- Centrando nuestra atención en las experiencias de aceptación, dejando más olvidadas las otras.
- Haciendo valoraciones benévolas de los resultados que obtenemos en nuestro trato con los demás, dando importancia relativa a los fallos.
- Hablándonos a nosotros mismos como lo haría una figura parental que nos reconfortara y apoyara.

Marca la frase que resulte más cierta en tu caso. Si ninguna lo es, marca la más aproximada. Después puntúala.

PARA MUJERES:
¿DÓNDE ESTÁ TU PODER DE SEDUCCIÓN?

Siempre falsa: 1 punto/ **A veces falsa:** 2 puntos/ **Ni sí, ni no:** 3 puntos
A veces cierta: 4 puntos/ **Siempre cierta:** 5 puntos

1
a. Pienso que tengo los ojos muy bonitos. 4
b. Suelo hacer gestos cómplices a los hombres.
c. Soy yo quien decido con quien salgo y con quien no. 5
d. Creo que los hombres son como niños; les ves pronto las intenciones.

2
a. Soy guapa. 5
b. Coqueteo y procuro gustar.
c. Tengo iniciativa para conocer a gente nueva. 5
d. Me cuentan cosas personales. 4

3
a. Tengo muy buena figura. 3
b. Suelo halagar y decir cosas amables a los hombres.
c. Me gusta la idea de viajar sola.
d. Me es fácil lograr que los hombres hagan lo que quiero.

4
a. Soy una mujer lista. 4
b. Miro a los hombres fijamente a los ojos.
c. Si un hombre me interesase mucho, le abordaría yo. 5
d. Me hago respetar por los hombres. 5

5
a. Me siento segura de mí misma ante a los hombres. 4
b. Me gusta sonreír y acostumbro a hacerlo.
c. Tengo éxito en las cosas que me propongo.
d. Las relaciones son un pulso de poder en el que hay que hacerse valorar.

6
a. Destaco por ser simpática. 5
b. Cuando converso con un hombre callo más que hablo.
c. Sé lo que quiero de la vida y no me dejo llevar. 3
d. Cuando veo un hombre que vale mucho con una mujer fea o insignificante, la admiro a ella. 3

7
a. Soy alguien muy perspicaz.
b. Algunas veces «piropeo» a los hombres que conozco. 4
c. Me es fácil decir no y tengo las riendas de mi vida. 4
d. Creo que los hombres son buenos, pero si advierten que pueden dominar a una mujer, lo hacen.

8
a. Soy inteligente. 5
b. Soy bastante confiada aunque no conozca mucho a un hombre.
c. Tengo lo que deseo y vivo como me gusta.
d. Para seducir lo que más importa no es ser guapa. 4

9
a. Me gusto tal como soy. 3
b. Me gustan los hombres en general y lo demuestro.
c. Voy a por lo que quiero y sé lo que es.
d. Seducir a alguien se parece a «educarlo»; si se porta bien le premias, si no lo hace, le castigas.

10
a. Soy un tipo de mujer que gusta a los hombres. 3
b. Sé mostrarme amable, segura y elegante ante un hombre. 4
c. Soy la dueña de mi vida, dependo de mí.
d. Cuando trato con hombres acostumbro a recibir más de lo que doy.

Ahora, coloca la puntuación obtenida en cada pregunta en la casilla correspondiente a las diferentes opciones (a, b, c y d). Cuando hayas completado todas las casillas, suma el total de la puntuación por columnas.

		1	2	3	4	5	6	7	8	9	10	total
I	a	í	í	ı	ı	ı	í	ı	ı	ı		9
II	b	ı	ı	ı								3
III	c	ı	ı	ı	ı	ı						5
IV	d	ı	ı	ı	ı							4

Ahora, compara los totales de cada columna y escoge aquélla donde la puntuación sea más alta:

I.   **Tienes autoestima.** Tu atractivo radica en que te gustas. Emanas seguridad, estás bien en tu piel. Si éste es tu factor más marcado tienes cierta tendencia narcisista, lo que, en dosis adecuadas, es muy femenino. Felicidades, tienes madera de seductora.

II. **Sabes hacer sentir a los demás que son apreciables.** Tu atractivo radica en que sabes complacer a los hombres, seguramente te muestras dulce, amable y nutriente. Si éste es claramente tu factor más marcado, debes atraer a hombres que quieren dominar y ser complacidos.

III. **Eres independiente y sabes tomar tus propias iniciativas.** Tu atractivo radica en que te sabes mover por ti misma. Ellos ven en ti a una mujer que tiene lo positivo de los hombres, lógica, sentido práctico y valentía. Si éste es tu factor más marcado, debes atraer a hombres que quieren sentirse amparados y protegidos.

IV. **Tienes poder.** Tu atractivo radica en que tengas la edad que tengas, eres una señora con todas las letras, te portas como tal y haces que te traten como tal. Si éste es tu factor más marcado, debes tener facilidad para construir relaciones en las que te sientas satisfecha.

Nota. Estudia cuál fue el factor de más bajo resultado, porque es el que más te interesa desarrollar para mejorar tu poder de seducción.

En este test hemos comprobado cuál es el poder de seducción de las mujeres. No obstante, también los hombres saben atraer y tienen sus propios mecanismos de «flirteo». A continuación, los hombres encontrarán su propio test, que deberán rellenar.

PARA HOMBRES:
¿DÓNDE ESTÁ TU PODER DE SEDUCCIÓN?

Siempre falsa: 1 punto/ **A veces falsa:** 2 puntos/ **Ni sí, ni no:** 3 puntos
A veces cierta: 4 puntos/ **Siempre cierta:** 5 puntos

1
- **a.** Pienso que tengo una mirada conquistadora.
- **b.** Suelo hacer gestos cómplices a las mujeres.
- **c.** Soy yo quien decido con quien salgo y con quien no.
- **d.** Creo que las mujeres son como niñas.

2
- **a.** Soy guapo.
- **b.** Galanteo y procuro gustar.
- **c.** Tengo iniciativa para conocer a gente nueva.
- **d.** Me cuentan sus cosas personales.

3
- **a.** Tengo un estado atlético.
- **b.** Suelo halagar y decir cosas amables a las mujeres.
- **c.** Me gusta la idea de viajar solo.
- **d.** Me es fácil lograr que las mujeres hagan lo que quiero.

4
- **a.** Soy un hombre listo.
- **b.** Miro a las mujeres fijamente a los ojos.
- **c.** Si una mujer me interesa mucho, la abordo.
- **d.** Me hago respetar por ellas.

5
- **a.** Me siento seguro de mí mismo ante las mujeres.
- **b.** Me gusta sonreír y acostumbro a hacerlo.
- **c.** Tengo éxito en lo que me propongo.
- **d.** Las relaciones son un pulso de poder en el que hay que hacerse valorar.

6
- **a.** Destaco por ser simpático.
- **b.** Cuando converso con una mujer callo más que hablo.
- **c.** Sé exactamente lo que quiero de la vida y no me dejo llevar.
- **d.** Cuando veo una mujer que vale mucho con un hombre feo o insignificante, le admiro a él.

7
- **a.** Soy alguien muy perspicaz.
- **b.** Algunas veces «piropeo» a las mujeres que conozco.
- **c.** Me es fácil decir no y tengo las riendas de mi vida.
- **d.** Creo que las mujeres son buenas, pero si ven que pueden dominar a un hombre, lo hacen.

8
a. Soy inteligente.
b. Soy bastante confiado aunque no conozca demasiado a alguien.
c. Tengo lo que deseo y vivo como me gusta.
d. Para seducir importa poco ser guapo y estar «bueno».

9
a. Me gusto tal como soy.
b. Me gustan las mujeres en general y sé demostrarlo.
c. Voy a por lo que quiero y sé lo que es.
d. Seducir a alguien se parece a «educarla», si se porta bien, la premias, si no lo hace, la castigas.

10
a. Soy un tipo de hombre que gusta a las mujeres.
b. Sé mostrarme amable, seguro y elegante ante una mujer.
c. Soy dueño de mi vida; dependo de mí.
d. Cuando trato con mujeres acostumbro a recibir más de lo que doy.

Coloca la puntuación obtenida en cada una de las preguntas en la opción correspondiente.

		1	2	3	4	5	6	7	8	9	10	total
I	a											
II	b											
III	c											
IV	d											

I. **Tienes autoestima.** Tu atractivo radica en que te gustas. Emanas seguridad, estás bien en tu piel. Si éste es tu factor más marcado tienes cierta tendencia narcisista, lo cual en dosis adecuadas es muy atractivo. Felicidades, tienes madera de seductor.

II. **Sabes cómo hacer sentir a los demás que son apreciables.** Tu atractivo radica en que sabes complacer a las mujeres, seguramente te muestras agradable, cariñoso, amable y nutriente. Si éste es tu factor más destacado, debes atraer a mujeres que quieren dominar y ser complacidas.

III. **Eres independiente y sabes tomar tus propias iniciativas.** Tu atractivo radica en que te sabes mover por ti mismo. Ellas ven en ti a un hombre «muy hombre», valga la redundancia. Lógico, práctico y valiente. Si éste es tu factor más marcado, debes atraer a mujeres que quieren sentirse amparadas y protegidas.

IV. **Tienes poder.** Tu atractivo radica en que, tengas la edad que tengas, eres un señor con todas las letras, te portas como tal y haces que te traten como tal. Si éste es tu factor más marcado, debes tener facilidad para construir relaciones en las que te sientes satisfecho.

Nota. Estudia cuál fue el factor de más bajo resultado, porque es el que en mayor medida debes desarrollar para mejorar tu poder de seducción.

La escritora Marilyn Vos Savant nos enseña a practicar el concepto de nosotros mismos señalando que debemos demostrar la confianza que nos tenemos, porque es una actitud imprescindible ante nuestros «socios» de relación. La autora afirma que intentar hacerlo con nuestros padres es la clave del éxito.

Cuanto más demostremos confiar en nosotros mismos, más nos respetarán y menos preocupados estaremos porque lo hagan. No debemos ser demasiado sentimentales en nuestras relaciones con padres, amigos, etcétera, de la misma manera que no lo seríamos con nuestros clientes o con compañeros de trabajo. Lo importante es actuar y comportarse con todo el mundo con la mayor dignidad.

EJERCICIOS DE REFLEXIÓN

1. Sinceramente, ¿crees que te respetan estas personas?
Contesta «sí» o »no», y razona tus respuestas. (Si alguna de las personas no existen para ti, deja la respuesta en blanco).

– Madre.
– Padre.
– Hermano/a (cada uno de ellos/as).
– Pareja (la última).
– Hijo/a (cada uno de ellos/as).
– Amigo/a (cada uno de ellos/as).

2. Para cada uno de los personajes de la primera pregunta que hayas contestado, describe cuál crees que es la razón de que así suceda, en una columna de una hoja de papel (a la izquierda), y describe en una columna situada a la derecha de la misma hoja, qué conducta tuya contribuye a que esto sea de ese modo y si piensas que seguirá sucediendo.

3. Escribe cómo puedes dedicar más tiempo a quienes te respetan.

4. ¿Qué puedes hacer para ser más respetado/a?

EJERCICIOS DE ACCIÓN

1. Mírate al espejo con absoluta imparcialidad, imagínate que ves a una persona con tu aspecto y anota todo lo que cabría mejorar para que se sintiese más cómoda y se gustase más. Haz una descripción razonada. Además, pide a alguien que te haga una foto tal como eres. Guarda esta foto en un sobre con el rótulo: «ANTES». Describe pelo, ropa, complementos, pose y expresión.

2. Adquiere alguna revista de moda dedicada al hombre o a la mujer según el sexo al que pertenezcas y estudia qué ideas atractivas podrías adaptar a tu estilo de imagen. Anota las ideas por cada apartado que describiste en la pregunta anterior: pelo, ropa, etcétera.

3. Dedica una tarde a buscar exhaustivamente un artículo para cada uno de los apartados, (puedes ir a tiendas de segunda mano; no es necesario que gastes mucho dinero, sino que sean cosas con las que te sientas excepcionalmente bien porque te favorecen). Una vez logrado tu nuevo *look*, pide a alguien que te haga una foto que rotularás como «DESPUÉS». ¿Qué has aprendido?

Seguro que has aprendido mucho, apúntalo y que no se te olvide. Todos los días debes hacer, comportarte, vestirte o peinarte del modo en que te veas más favorecido/a y te sientas más a gusto contigo mismo/a. Para esto te ayudarán enormemente los elogios que seguro que habrás cosechado con tu cambio de aspecto.

En esas pequeñas cosas exteriores y en los comentarios favorables que merecemos en la opinión de los demás radica gran parte de nuestra seguridad y confianza y, por supuesto, es el hermoso envoltorio de nuestra capacidad de seducción. No requiere ni esfuerzos imposibles ni grandes inversiones económicas, es un sencillo pero fundamental cambio de actitud.

Capítulo 19

La seducción y la importancia de transmitir aprecio a los demás

Es preferible intentar mejorar nuestro conocimiento del animal que hay en nosotros, a intentar eliminarlo, pues eso es imposible.

MOSHÉ FELDENKRAIS

En el capítulo anterior hemos hablado sobre la seducción desde el punto de vista de la persona que triunfa en su papel de seductora. En éste, trabajaremos sobre la proyección del ejercicio de la seducción, aspecto que se expresa en la capacidad de hacer que los demás sientan la corriente de aprecio que emitimos hacia ellos.

Parecería lógico pensar que si apreciamos a alguien, esta persona recibirá el mensaje y percibirá nuestro interés. Pero no siempre estamos entrenados para apreciar a todas las personas con las que nos relacionamos o para transmitirles con claridad nuestro sentimiento. Como otras muchas, ésta es una conducta que se favorece con la práctica, poniendo en marcha los siguientes mecanismos:

- Pensar en la comunicación con la otra persona en el momento en que estamos con ella, como algo prioritario. De forma que, en esa ocasión precisa, lo más urgente para nosotros sea comprenderla y estar realmente con y por ella. Obviamente, esto es incompatible con conductas tales como hacer otras cosas al mismo tiempo, pensar en otros asuntos o mostrar que se tiene prisa.

- Abrirse a la otra persona, expresando verdadero interés de forma no verbal y verbal. La mayor parte del mensaje de apertura, figuran en los puntos séptimo y octavo, y ya están emitidos antes de empezar a hablar, pues el mensaje principal es uno mismo. Si se emite un mensaje sincero de apertura, que se exprese en todos los aspectos que se reseñan de forma numerada, la persona a la que nos estemos dirigiendo se sentirá realmente muy bien.

– Expresión facial.	– Distancia física.
– Mirada.	– Indumentaria.
– Gestos.	– Tono de voz.
– Aspecto corporal.	– Mensaje verbal.

Cómo hacer sentir apreciables a los demás

- Crear confiaza, demostrando que damos relevancia al otro y que lo respetamos. Como señalaba Erich Fromm, «Amar a una persona es algo más que un sentimiento fuerte, es una decisión».
- Escuchar, demostrando activamente que comprendemos lo que nos dicen. Lao Tse lo expresaba de manera muy clara y contundente, «El que no sabe, habla; el que sabe, no habla».
- Ponerse en el lugar del otro, denotando que se entiende su opinión o sus necesidades. Tal como advertía Shelly Kopp, «Sólo nos tenemos a nosotros mismos y a los demás. Puede que no sea gran cosa pero es lo que hay».

La reacción a las caricias

Las personas nos interesamos por nosotras mismas en todo momento. Lo que nos hace más felices es sentir que otras personas también nos aprecian. A los gestos de aprecio, se los denomina caricias, y éstas pueden ser de varios tipos:

- **Físicas.** Dentro de este grupo se encuentran, miradas de interés, sonrisas, gestos amables, etcétera.
- **Psicológicas.** Estas caricias son los elogios, los piropos, los comentarios de aprecio o aliento...

Es fundamental que tengamos siempre presente que dar caricias constituye un medio directo y efectivo de conquistar el estado de ánimo de las personas. Pensemos en cómo disfrutamos de ellas y cómo nos hacen sentir bien a nosotros mismos, y eso nos servirá para prodigarlas a los demás.

EJERCICIOS DE REFLEXIÓN

1. Cita a cinco personas del sexo opuesto con las que te gusta hablar, excluyendo familiares directos, y en una breve frase, explica cuál es la razón.
2. Para cada una de estas personas, haz una lista de las cinco cuestiones que crees que le resultan más interesantes.
3. Formula cinco preguntas que les gustaría contestar a las personas que citaste.
4. Piensa en todo lo que sabes e intuyes sobre cada una de las personas de tu lista y escribe cinco frases como si lo hicieran ellas, en primera persona, tratando de ponerte en el lugar de cada una. Por ejemplo, explica tu vida como si fueras la otra persona, lo más importante que le ha pasado; cómo se encuentra; que le gusta; que le molesta o cuáles son sus ilusiones.

El objetivo de los anteriores ejercicios es aprender y hacer consciente la forma adecuada de transmitir aprecio a los demás y enviarles caricias. En primera instancia, para establecer una comunicación auténtica y en segundo lugar, para crear las condiciones apropiadas para ejercer la seducción.

EJERCICIOS DE ACCIÓN

1. Describe cinco características que deben tener las preguntas para ser consideradas adecuadas.

2. Expresa cinco razones por las que es útil saber hacer las preguntas adecuadas.

El objetivo de los pasos anteriores es realizar una acción concreta. Aprovechar un encuentro con alguien del sexo opuesto para, de forma natural, intercalar preguntas o comentarios sobre temas de los que sabes que le gusta hablar. Mientras la otra persona hable, responde afirmando con tus gestos y muestra interés. Posteriormente, intenta describir de manera razonada si crees que es posible desarrollar la capacidad de hacer sentir a los demás que son importantes para ti.

Los resultados te serán sumamente provechosos, ya que, si el intento falla, puedes mejorar tu comunicación para la próxima vez corrigiendo errores. Y, si funciona, habrás aprendido que puedes conseguirlo, lo que te dará una gran seguridad para transitar el camino difícil pero maravilloso de la seducción.

En el libro *Consejos útiles para mejorar la relación con los demás* de Susana McMahon, podemos leer que, para apreciar a los demás hemos de querernos a nosotros mismos. En efecto, sólo podremos amar si nos conocemos y somos capaces de satisfacer nuestras necesidades y deseos. Porque, como dice la autora, ¿cómo lograr estas cosas si no nos prestamos atención a nosotros mismos? Por último, añade que debemos ser egoístas y cuidar de nuestras «preciosas» personas, porque nadie más puede hacerlo como deseamos y necesitamos.

La investigación actual sobre la conducta de los animales en su ambiente natural ha arrojado muchas pruebas de que los elementos de la estructura social son intrínsecos: el apego a un territorio, la lealtad a una manada, la hostilidad entre sus miembros, e, incluso, las jerarquías en el interior de la manada. Eso demuestra que las guerras territoriales y la lucha por el poder se encuentran en la esencia del ser humano, no son nada inventado. Este impulso agresivo siempre ha sido el escollo para que el hombre pudiese mejorar. Aquéllos que, de verdad, procuraron la paz y el genuino amor fraternal, llegaron a ello mediante el perfeccionamiento de su consciencia y de sus propios impulsos, nunca por la supresión de los mismos. Por este motivo es necesario aumentar el conocimiento que tenemos de nosotros mismos mediante la observación de nuestras tensiones y la energía que fluye por nuestro organismo.

Tal como planteábamos en páginas anteriores, nuestro organismo no miente. Si nos sentimos cómodos en determinada compañía, nos mostraremos relajados y extrovertidos. Por el contrario, por más que intentemos sentirnos bien con otros de manera fingida, por diversas razones, nuestro cuerpo nos delatará a través de sus tensiones y su malestar.

Todos hemos oído hablar sobre las teorías de Dale Carnegie y tenemos noticias de su famoso best-seller, *Cómo ganar amigos e influir sobre las personas*. También este conocido autor ha utilizado la conducta animal como ejemplo de algunos de sus puntos de vista. Según él, uno de los conquistadores de amigos con más éxito es el perrro. La más mínima caricia o atención hará que nos demuestre lo mucho que nos quiere, sabremos que detrás de su actitud hay puro afecto, sin motivos ulteriores.

Después de esta reflexión se hace evidente la importancia que tiene demostrar aprecio a los demás y cómo este sentimiento supera cualquier motivación utilitaria. Pero, sobre todo, sitúa las cosas en su justo término. No basta con tener leche, huevos o alimentos en general, para subsistir. Para vivir plenamente necesitamos recibir y dar afecto, recibir y dar caricias; en suma, necesitamos amor.

Capítulo 20

Tener iniciativa y sentirse independiente

Éste es mi camino...
¿Cuál es su camino?
El camino no existe.

FRIEDRICH NIETZSCHE

Las personas con capacidad de seducción poseen varias características, entre las que destaca la que analizaremos en este capítulo: la capacidad de actuar por iniciativa propia y sentirse completamente independientes.

Conductas que denotan que se actúa por iniciativa propia

Es común lamentarse de que los demás no nos comprenden. Cuando se hace esto, nos sentimos de verdad muy solos, invadidos por lo que se ha dado en llamar angustia existencial. En tal caso, es fácil que acusemos al resto del mundo de ser responsable de nuestro estado de ánimo, deducir que los demás no están preparados para comprendernos, pensar que son egocéntricos y totalmente egoístas

Pero esto, lejos de aliviarnos, hace que nos sintamos mucho peor. Las personas que son conscientes de sí mismas, adoptan la actitud inversa. Piensan por ellas mismas, se plantean qué deben hacer para comprender a los demás. Se dan cuenta de que están permanentemente rodeadas de gente de la que no saben casi nada. Este tipo de individuos, saben que todos estamos solos, que nadie es comprendido totalmente por los demás, que no se puede culpar a otros de que esto sea así, pues es algo inherente a la condición humana. De modo que, en su interior, pasan a tener una importancia decisiva sus propios pensamientos, sus criterios, su sentir más profundo y, por lo tanto, actúan en consecuencia.

Las personas con iniciativa propia se sienten protagonistas de sus vidas. Saben que tienen un papel principal en ella, que tienen capacidad de decisión. Esta sensación de dominio la transmiten a los demás.

Así, cuando hablan, indican el control que tienen de sus sentimientos, pensamientos y acciones. Ellos son los verdaderos sujetos de sus sentimientos. Nunca dirían a los demás frases tales como: «¡Eres el colmo!», sino que se expresarían situándose en posición de sujeto: «Ya estoy harto».

Asimismo se hacen cargo de sus pensamientos. En lugar de decir: «Por favor, tendrías que hacer este informe en cuanto puedas», siendo sujetos, dirían: «Por favor, quiero que hagas este informe pronto».

No temen tampoco asumir sus acciones, aunque hayan cometido alguna equivocación o sean responsables de un problema. Se implican al hablar y lo hacen con honestidad. En lugar de decir: «Se ha roto el aparato de música por la tapa», como si el objeto fuera responsable, dicen: «Cuando saqué la cinta, me quedé con la tapa en la mano».

Las personas que se sienten protagonistas de sus vidas, ya expresan su papel activo frente a los acontecimientos en su forma de hablar. Otra característica que los convierte en protagonistas, es la habilidad que tienen de abrirse a los demás, de relacionarse, de forma adecuada, revelando información personal, lo que les permite:

- **Definirse a sí mismos** ante los demás, así se les puede entender antes y es más difícil que se les olvide.

- **Autoconocerse,** pues al hablar de sí mismos, toman consciencia del tipo de personas que son.

- **Contactar más,** dado que al dar información sobre cosas muy personales, rompen la sensación de que son seres desconocidos y distantes, generando la oportunidad de que los demás también compartan ese tipo de información.

- **Fomentar el desarrollo de intimidad,** pues dan una profundidad mayor a la relación, creando confianza y aclarando posibles malentendidos.

La capacidad de expresarse a nivel personal entraña un riesgo, por lo que para hacerlo, se debe antes valorar las intenciones, el interlocutor, el contexto, la sensibilidad y el tema. Pero si se realiza adecuadamente, ofrece un alto grado de recompensa.

Las personas que se sienten protagonistas de sus vidas, profundizan en sus relaciones al tomar la iniciativa de abrirse a los demás.

Los diez permisos

Para ser nosotros mismos y vivir centrados en nuestras propias iniciativas tenemos que ser generosos y permitirnos la espontaneidad, en lugar de actuar de forma represiva con nuestro ser verdadero y profundo.

1. **Hazlo.** Los errores son la única forma que tienes de aprender en esta vida. Y vale más un «me equivoqué» que un «¿por qué no lo hice?».

2. **Pellízcate cada vez que te preocupas.** El hábito de reflexionar demasiado y martirizarse dudando, te perjudica más

que una pequeña reprimenda superficial. Preocuparse es ocuparse antes de tiempo, algo bastante absurdo.

3. **Carpe diem.** Vive el momento, sumérgete en él, disfrútalo aquí y ahora. El pasado no vuelve, el futuro nunca se disfruta, sólo puedes ser feliz viviendo el momento presente.

4. **Cuelga este cartel en tu casa.** «Puede estar todo tan ordenado y limpio como para sentirme bien, pero debe estar lo suficientemente desordenado como para poder ser feliz». El orden excesivo equivale a rigidez y monotonía.

5. **Redefine la puntualidad.** Ser excesivamente puntual es como llegar siempre tarde, algo propio de personas intolerantes e inflexibles. La virtud está en el equilibrio entre usar el tiempo y respetarse, lo que equivale a respetar a los demás.

6. **Puedes ser emotivo/a.** Mantener el semblante impasible, te hace padecer interiormente. Para no romperse es preciso saber doblarse, preocúpate menos de guardar el control y las apariencias y deja que los demás descubran quién eres.

7. **Puedes ser vulnerable.** Las personas necesitan ver tu rostro real, tu lado humano y tus debilidades, para quererte. Una imagen perfecta sólo se puede admirar, nunca amar.

8. **Puedes ser improductivo/a.** El mundo seguirá girando si dejas tu adicción al trabajo y aprendes a frenar. Puede que baje tu rendimiento laboral, pero lo que importa no es correr, sino llegar a alguna parte. Ejercer la autocrítica y ser exigente sólo es útil hasta cierto punto.

9. **Recupera tus instintos.** Exprésalos al menos en tu fuero interno, verás cómo concienciarte de ellos te aleja de las compulsiones. A lo mejor descubres que, en lugar de tener ganas de comer o de limpiar, deseas gozar de otro ejercicio.

10. **Disfruta de la vida.** Recuerda que la vida es la «fuerza del intento», céntrate en tus actos presentes simplemente intentando hacer las cosas, sin obsesionarte por lograrlas; así disfrutarás más.

EJERCICIOS DE REFLEXIÓN

1. Haz una lista de cinco iniciativas que te gustaría tomar, (deja volar tu imaginación, no tendrás que tomarlas realmente).
2. Para cada una de las anteriores iniciativas, enuncia un motivo para llevarla a cabo y un riesgo o motivo para no hacerlo.

EJERCICIOS DE ACCIÓN

Realiza una de todas las iniciativas de la primera pregunta, la que te gustaría especialmente llevar a cabo, o bien, la que percibas que implica un riesgo muy inferior a la satisfacción de verla concretada.

Los anteriores ejercicios de reflexión y su corolario en acción te demostrarán dos cosas. En primer lugar, tu capacidad de imaginar con claridad lo que realmente te gustaría hacer y, en segundo lugar, lo fácil que es llevar a la práctica lo imaginado y la maravillosa sensación de llevarlo a cabo.

En los más diversos campos se verifica cómo siguiendo los propios criterios es posible triunfar y sentir felicidad. No sólo eso, sino que las personas que siguen los propios dictados de su corazón, son más capaces de comprender los de los demás, por muy alejados que éstos sean de los suyos propios.

El psicólogo Wayne W. Dyer afirma que la soledad existencial inherente a la condición humana tiene la peculiaridad de que, si procuramos evitarla, es fuente de sentimientos negativos, pero si la asumimos puede darnos gran fortaleza. Para reforzar esta idea, señala que las personas que mayor impacto han causado en la raza humana, las que han ayudado a un número mayor de congéneres, son las que consultaron con sus propios criterios interiores, no las que hicieron sólo aquello que los demás entendían o les decían que era oportuno que hicieran.

Hay que aceptar ampliamente que los demás no pueden ser iguales a nosotros, un concepto que ha regido toda nuestra cultura y nuestros valores tradicionales, desde el conocido refrán: «Cada maestrillo tiene su librillo» hasta la divertida frase: «No intentes enseñar a cantar a un cerdo, pierdes el tiempo y molestas al cerdo», nos conducen a la senda de ser tolerantes, generosos y flexibles con las diferencias.

Piensa que en la variedad está la riqueza, en el intercambio de variadas personalidades puede yacer el encanto de las relaciones estimulantes y, sobre todo, no es necesario compartir algo, ya sean ideas, pensamientos o sentimientos, para comprender que los demás los tengan y, sobre todo, para disfrutarlos y que nos motiven en una relación.

Capítulo 21

Motivar a los demás para que se sumen a tus iniciativas

Quien controla una conversación es quien pregunta.

ANÓNIMO

La cuarta y última característica de las personas con poder de seducción es la capacidad de persuasión, de influir en los demás para que hagan lo que uno desea. Aquí analizaremos el poder personal para influir en la acción de otra persona. Todos tenemos mucho más poder del que se nos permite creer.

Tal como el psicólogo clínico Claude Steiner afirmaba en su libro *Los guiones que vivimos*, un niño de siete años, si se lo deja solo, puede levantarse, vestirse, hacer la cama, preparar su desayuno, sacar la basura, fregar los platos que ha ensuciado, salir por la puerta e ir calle abajo hacia la escuela. Si vuelve a casa y no encuentra a nadie, también puede imaginarse que su madre fue a algún sitio y llamar allí para confirmarlo, y cenar solo o con un amigo. Pero como todos sabemos, a los niños que tienen siete años no se les permite hacer nada de eso. Se les hace creer que son incapaces de ello. Se les trata como si tuvieran mucho menos poder del que tienen. Es decir, se les trata como si no tuvieran poder alguno. Así, los padres ejercen el papel de «salvadores» a costa de inculcarles las siguientes ideas:

— No pueden tener sus propios contactos sociales.
— No pueden conocer mundo.
— No pueden comprenderse a sí mismos.

Hay casos de familias que adoctrinan a sus hijos en la impotencia para quitarles poder y hacerles creer que no pueden hablar de sus sentimientos o pensar de modo autónomo.

Cada persona debe recuperar el poder que le fue limitado y es cuando se ejercita en devolverse a sí misma dicho poder, cuando adquiere el magnetismo que la dotará de capacidad de atracción.

Cómo alcanzar el poder de persuasión

Las personas con poder de convicción tienen un estilo dominante al comunicarse, lo que se advierte en el hecho de que son los demás los que responden a ellos y no al revés.

Convencer a alguien para que haga algo equivale a darle motivos para ello, es decir, motivarle. Las personas seductoras pueden motivar a los miembros del otro sexo cuando lo desean, pues comprenden –o parecen comprender– cómo se sienten y qué necesidades tienen, porque les conceden importancia, les prestan atención, los escuchan, etcétera.

La cadena, que se transcribe seguidamente, explica cómo es el mecanismo de la persuasión:

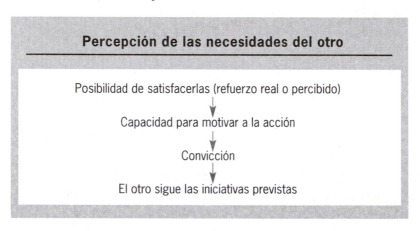

Percepción de las necesidades del otro

Posibilidad de satisfacerlas (refuerzo real o percibido)

↓

Capacidad para motivar a la acción

↓

Convicción

↓

El otro sigue las iniciativas previstas

Se ha definido la persuasión como la capacidad de poner de acuerdo las normas de los demás con las propias. Esto requiere que conozcamos el enfoque de la realidad que posee el otro para poder partir de su ángulo de visión y, así, enfocarlo hacia el nuestro. La persuasión para conseguir cualquier tipo de conducta debe ofrecer motivos de orden físico o psíquico que justifiquen y promueven la acción. En el caso específico de la seducción, el motivo para la acción es el propio seductor.

Sistemas de motivación

- **Prometer.** Por ejemplo, «te invitaré».
- **Condicionar experiencias deseables.** Es como prometer pero el agente que premia es, en este caso, la lógica causal. Por ejemplo, «si te citas conmigo y dejas que te invite, lo pasarás muy bien».
- **Simpatizar.** Ser amistoso, para que dicha conducta sea el premio. Por ejemplo, ser amable si el otro accede a la cita.
- **Apelación moral.** Dar razones trascendentes para que el otro actúe. Por ejemplo, comentar lo positivo y lo bueno que es para el otro distraerse o dejarse agasajar por alguien que lo estima con tanta devoción.
- **Apelar a las gratificaciones internas de la otra persona.** Por ejemplo, anunciar lo orgulloso y feliz que se podrá sentir el otro con el trato que recibirá.
- **Condicionar a su actuación una determinada gratificación interna.** Por ejemplo, transmitir la idea de que el que cita es alguien especial, por lo que aceptar significa ser selecto, afortunado y prestigioso.
- **Altruismo.** Dar razones en beneficio del otro. Por ejemplo, dejar claro que aceptar la cita aumentará sus posibilidades sociales y obtendrá beneficios.

- **Altruismo del citado.** Dar como razón que actúe para beneficiar a otros. Por ejemplo, decir cuánto se alegrará el que cita, si el otro le obsequia con su presencia.
- **Apelar a la estima que ganará.** Por ejemplo, confirmar que al aceptar la cita, el otro se hará merecedor de una mayor estima por parte del que cita y de los demás.
- **Seducción pura.** Por ejemplo, convencer al otro de que al acceder, gustará a quien cita, que puede proporcionar al otro todos los contenidos incluidos en los puntos anteriores del sistema de seducción.

Las personas con poder de persuasión disponen de ascendiente sobre los demás para inducirles a cambiar actitudes y conductas, porque ellos mismos parecen personas capaces de ofrecer los refuerzos necesarios.

EJERCICIOS DE REFLEXIÓN

1. Piensa en cinco personas del sexo opuesto que conozcas.
2. Piensa, para cada una de las anteriores personas, algo concreto que te gustaría lograr que hicieran.

EJERCICIOS DE ACCIÓN

1. Sitúate en un lugar tranquilo dentro de un entorno relajante, cuando dispongas de 15 minutos de tiempo, y asegúrate de que nadie te moleste para realizar el siguiente ejercicio:

   – Elige una de las cinco personas en las que has pensado, coloca dos asientos, uno frente a otro y siéntate en uno de ellos.
   – Respira profundamente mientras diriges los ojos hacia arriba y los bajas súbitamente. Repite este ejercicio ocular cinco veces cada vez que inspires, lo que te producirá una intensa sensación de paz.

– Nota como la respiración va llenando de relajación todo el cuerpo y éste alcanza una situación ingrávida y distante, como si se bajara un espeso telón que te separara del aquí y ahora.

– Deja que cada respiración vaya haciendo que tu cuerpo se sienta cada vez más cálido y relajado, mientras imaginas que tu poder mental sale flotando con el aire que respiras a través de tu coronilla, hasta que tu cabeza se note vacía. (Si no logras alcanzar esta fase, puedes intentar imaginar algún ser que va limpiando tu mente como si fuera una aspiradora, de modo que cualquier cosa que se te pueda ocurrir, es «atrapada» por ésta.

– Deja todo a un lado y abandónate a una profunda paz, como si estuvieras en un lugar muy sereno en el que deseas quedarte por un tiempo.

– Pide a tu inconsciente que te traiga la imagen de la persona escogida sentada cómodamente en el asiento que está frente al tuyo. Observa cada con vez más detalle a esta persona (¿qué ropa lleva?, ¿cómo es su peinado?, ¿qué expresión tiene?, ¿qué parece estar pensando?), y pregúntale qué necesita para hacer lo que tú quieres que haga.

– Siéntate en la otra silla imaginando que eres la otra persona, que estás en su piel, llevas su ropa, tienes su aspecto; te has convertido en ella. Y contesta a la pregunta que has formulado de la forma en que ella lo haría. Sigue el diálogo hasta tenerlo todo claro. Agradece a tu inconsciente lo que te ha mostrado.

– Vuelve a la realidad con los «regalos» aprendidos durante el ejercicio, para poder usarlos en la práctica.

2. Apunta por lo menos cinco cosas que has descubierto haciendo el ejercicio anterior y que, en el fondo, ya sabías acerca de la persona por la que has optado.

3. Pregunta a cinco desconocidos del sexo opuesto simplemente: «¿Eres tan amable de contestarme una encuesta de opinión?». Si asienten o responden a su vez con otra pregunta, insiste en volver a plantear la primera pregunta. Apunta las reacciones que has obtenido.

El primero de los ejercicios de acción que te hemos propuesto sirven para que veas de forma clara que tienes gran cantidad de información sobre los demás que tu inconsciente va almacenando y que si buscas en ese almacén con la mente serena y la atención correctamente enfocada, sabrás exactamente cómo ejercer tu poder de persuasión. De esta manera, podrás apelar al resorte o mecanismo capaz de motivar a los otros para moverles a que actúen en el sentido en que tú lo deseas.

En cuanto al ejercicio de la encuesta de opinión te servirá para aprender la gran diversidad de reacciones que se pueden obtener a una pregunta, lo que ampliará tu campo de conocimiento de las más variadas personalidades y caracteres.

Todas las personas tenemos más poder del que se nos ha permitido creer que tenemos. Una de nuestras más poderosas herramientas es la voz, que es lo que utilizamos en la comunicación verbal, ya sea a través de comentarios afirmativos o de preguntas. Los doctores Daniel Ellenberg y Judith Bell han denominado a este campo «el poder del sonido», señalando que, en nuestra cultura, se nos enseña a reprimir los sonidos no articulados y mantenerlos al mínimo. Y, sin embargo, los sonidos, la voz, desempeñan un papel esencial en el desarrollo de una sexualidad sana, pues permiten que la energía fluya a través del cuerpo y se generen vibraciones positivas.

Al emitir la voz, dicen estos especialistas, se abre el *chakra* de la garganta, asociado con la creatividad y la capacidad de expresión. Cuando nuestra voz resuena en nuestro interior, se crea un sistema de retroalimentación que nos estimula a nivel celular.

La voz es un vehículo muy eficaz de todo tipo de sentimientos y sensaciones, y tiene la característica, además, de poner en marcha un ciclo sinérgico con el otro. Si nuestra voz es amable, obtendremos lo mismo a cambio, si traslada un sentimiento negativo, hallará eco equivalente en los demás. Esto es sumamente verificable entre amantes en el momento del amor.

Por lo tanto, es recomendable utilizar este poder sabiamente, tanto para seducir y que el otro haga algo que deseamos, como para transmitirle nuestro propio sentir. Algo muy simple que usamos a diario, nuestra voz, tiene un valor y un poder incalculable. Si hasta ahora no lo habías advertido y no lo habías usado, es tiempo de que lo hagas.

Capítulo 22

Lo que tienen en común hombres y mujeres

Cada persona presenta, en grados variables, un cierto número de características psicológicas masculinas y femeninas.

ROGER PIRET

No hay rasgos que se encuentren sólo en los hombres o en las mujeres, sino algunos que se encuentran más marcadamente en unos que en otras. Así que, en cuanto a diferencias psíquicas, el sexo no es una cuestión de «sí» o «no», sino de conceptos como «más» o «menos».

Las dificultades en la comprensión entre hombres y mujeres se deben a que, de hecho, son animales distintos, aunque de la misma especie. Como expuso el psiquiatra Carl Gustav Jung, para que un hombre entienda a una mujer debe tener una parte interior femenina. Y viceversa, para que una mujer pueda comprender a un hombre, es necesario que disponga de una forma de ser interior masculina. Una mujer absolutamente femenina y un hombre absolutamente masculino jamás podrían entenderse. Para vivir una relación comprensiva con alguien del sexo opuesto, requerimos cultivar y potenciar toda nuestra mentalidad, incluso la que nos enseñaron a reprimir.

Los motivos por los que hombres y mujeres difieren, provienen de la dicotomía natura/nurtura.

- **Natura.** Características físicas. Se trata de diferencias biológicas reales y condicionantes.

– **Nurtura.** Motivos sociales. Se trata de diferencias aprendidas, variables y condicionadas.

Diferencias y similitudes naturales	
Sexo cromosómico	XX o XY
Sexo hormonal	Producción de hormonas.
Sexo gonádico	Posesión de ovarios o testículos.
Sexo gamético	Producción de óvulos o espermatozoides.

Sexo conductual

Los hombres son heterocromosómicos (XY) y las mujeres no. En cada una de las células está escrita esta diferencia. Pero en las primeras fases de gestación, ambos, hombres y mujeres, en estado de cigotos, van desarrollando los mismos órganos, incluso los mismos genitales, que sólo después, durante el final del primer trimestre de gestación, darán lugar a aparatos genitales diferenciados, conformando los caracteres sexuales primarios. En muchos idiomas, niño y niña se dicen con una misma palabra de género neutro, uniendo a los dos géneros que hasta la pubertad, de hecho, se encuentran muy indiferenciados.

Los caracteres sexuales secundarios aparecen por un desencadenamiento hormonal en la pubertad, dando lugar a numerosos cambios físicos.

La testosterona es la hormona masculina que no sólo regula la aparición de los rasgos físicos sexuales secundarios, sino también las conductas del individuo, como la disposición sexual, la agresividad, la territorialidad, así como muchas conductas que diferencian a hombres de mujeres.

Estas diferencias de origen natural o biológico se confirman mediante estudios comparativos interculturales y dan lugar a ciertas conclusiones como las que siguen:

* Las mujeres se muestran más dependientes del medio.
• Los hombres se muestran más independientes del medio.
* Las mujeres tienen un cuerpo más vulnerable, menstruación, embarazo y menor rendimiento atlético, pero son más resistentes. Por ejemplo, en una época de ayuno una mujer sobrevive más y en mejores condiciones que un hombre.
• Los hombres tienen un cuerpo más sólido y dotado para la acción, pero menos resistente. Por ejemplo, lo varones engendrados son más, pero tienen mayor índice de mortalidad, de forma que, a edades medias, hay ya más mujeres que hombres. Los fetos muertos son mayoritariamente de varones.
* Las mujeres son más hábiles.
• Los hombres son más fuertes.
* Las mujeres son mejores en el uso del lenguaje y el trato social.
• Los hombres son mejores en el razonamiento matemático y la aptitud mecánica.
* Las mujeres prefieren juegos sedentarios y se adaptan más a las normas.
• Los hombres se decantan por los juegos activos y expansivos.
* Las mujeres son más adaptables y dependientes.
• Los hombres son más autónomos e independientes.
* Las mujeres son más emotivas.
• Los hombres son más agresivos.
* Las mujeres adoptan un papel más narcisista, cuidan más de sí mismas como bien codiciable a ser conquistado por otros, y masoquista, como bien que ha sido conquistado y dominado.
• Los hombres adoptan un papel combativo, como cazadores, conquistadores.

Femenino	Masculino
Hábil	Fuerte
Adaptable	Agresivo
Asociativa	Combativo
Emotiva (expresa emociones)	Expansivo (actúa)
Narcisista (sexo como estado)	Excitable (sexo como acto)
Maternal/nutritiva	Cazador/dominador

Diferencias adquiridas

Jung definía los conceptos de *ánima* y *ánimus*. El primero de ellos es el aspecto femenino del hombre y, el segundo, el aspecto masculino de la mujer. El psicólogo opinaba que los rasgos de cada sexo estaban física y claramente definidos. Por tanto creía que la psicología del hombre y la mujer eran radicalmente distintas. Los hombres eran, según su opinión, decisivos y racionales, es decir, agresivos, y las mujeres, emocionales e intuitivas, es decir, pasivas. Asimismo, siempre de acuerdo a las tesis del mismo autor, los conceptos de *ánima* o parte femenina del hombre y *ánimus* o parte masculina de la mujer, son esenciales para que hombres y mujeres se entiendan y, además, sirven para explicar lo que sucede cuando alguien se enamora.

Un hombre crea su imagen de lo que es la mujer en base a las mujeres que conozca; ésa es su percepción de lo que implica ser mujer. Si ésta es buena, podrá atribuirla a alguna mujer que encaje con ella y creer que la misma posee los atributos que él asigna a su *ánima*. Así, cuando se enamora, lo que hace es representarse que una mujer concreta encarna las cualidades de su *ánima*. No se ha enamorado de las cualidades reales de esa mujer en particular, lo que resulta a menudo dolorosamente evidente para el resto de personas, sino de su propia percepción estereotípica e ideal de la feminidad contenida en su *ánima*. Con las mujeres que se enamoran sucede lo mismo pero, en este caso, el punto de referencia es el *ánimus*.

Esta teoría explica por qué los hombres que han tenido contactos desagradables y negativos con su madre y han carecido de una figura femenina de referencia, tenderán a desconfiar de las mujeres, se sentirán incómodos con ellas y no comprenderán la personalidad femenina, por lo que será raro que lleguen a enamorarse en su vida adulta, a causa de esa deficiencia.

Ánima o ánimus poco desarrollados

En el hombre, la acentuación excesiva de la personalidad masculina no matizada por la existencia de un *ánima* impide que éste funcione de forma completa, pues no puede mostrarse flexible ni sensible. Ésos son los hombres rígidos, ásperos, que reaccionan de forma expansiva, prematura y estereotipada, parciales y obstinados, con tendencias toscas y conservadoras.

Asimismo, una mujer que no desarrolla su parte masculina o *ánimus*, no aprende a relacionarse de forma satisfactoria con los hombres, pues no sabe atemperar sus rasgos femeninos. Es el caso de mujeres que no se orientan de forma equilibrada ante los problemas, no saben mostrarse autónomas frente al mundo exterior y la realidad. En resumen, son mujeres poco estables y que no demuestran aplomo en la consecución de sus fines.

Los hombres y mujeres que tienen dificultades en comprender al otro sexo no se relacionan armoniosamente, ni siquiera con la naturaleza de su *ánima* o *ánimus* respectivamente. En la formación del *ánima* de un muchacho tienen que ver su madre y sus hermanas y en la formación del *ánimus* de una mujer tienen que ver su padre y sus hermanos.

El hombre ha de reconocer sus cualidades femeninas y aceptarlas como parte real de su personalidad. Y la mujer ha de reconocer de forma análoga sus rasgos masculinos y aceptarlos como parte de su naturaleza.

El *ánima* del hombre le añade una dimensión de humanidad, sensibilidad y ternura, y el *ánimus* de la mujer afianza su persona en la racionalidad, la orientación y el control.

Tendencia a la disolución de diferencias

El profesor de biología de la Universidad de Florida, David Quadagno, llevó a cabo una encuesta en hombres y mujeres, para conocer las motivaciones de cada sexo a la hora de mantener contacto físico. En la encuesta realizada a mujeres jóvenes, menores de 35 años, observó que un 61% afirmaba que el amor era el principal motivo por el que mantenían relaciones sexuales y sólo un 22% de las mismas, consideraba el placer como motivo principal para el sexo.

Cuando aumentábamos el margen de edad entre las encuestadas, mujeres de entre 36 y 57 años, el porcentaje que citaba las emociones como motivo principal para mantener relaciones sexuales se reducía a un 38% y crecía hasta un 43% en las que reconocieron el placer como su motivación más importante.

En el grupo de los hombres ocurrió lo opuesto. De los jóvenes, sólo un 31% citó el amor como motivo principal, pero entre el grupo de los hombres más maduros, a partir de los 36 años, llegaron a ser la mitad los que manifestaron regirse básicamente por razones emocionales.

La mayoría de hombres y mujeres necesitan más de tres décadas para aprender a vivir «la otra parte de su sexualidad» libremente. Y éste es un aprendizaje que la mujer ha conquistado en épocas recientes.

¿RESPONDES AL ESTEREOTIPO DE TU GÉNERO?

Elige una de las dos opciones que plantea cada pregunta. A continuación puntúalas del 1 al 10, según respondan más o menos a tu forma de ser.

1. Si tuviera más dinero:
a) Probaría cosas nuevas y emocionantes como la caza o la competición de alta velocidad con coches o yates.
b) Mejoraría mi aspecto, cuidándome más, incluso probando la cirugía que fuera recomendable para verme espléndido/a.

2. Si alguien se siente vulnerable:
a) Le consuelo y cuido.
b) Le defiendo y animo.

3. A veces pienso para mis adentros lo fantástico que debe ser:
a) Tener poder político, ser altamente respetado y poder tomar decisiones que afecten a las condiciones de vida y al bienestar de muchas personas.
b) Ser una estrella mundialmente admirada, vivir con todo lujo, simbolizar la seducción y cobrar millones solamente por posar o aparecer.

4. A la hora de montar un nuevo hogar prefiero:
a) Poner las habitaciones bonitas, decorando y escogiendo muebles y tapicerías.
b) Pensar las habitaciones que debe tener, sus dimensiones y su función.

5. Sinceramente opino que:
a) Mentir no es bueno, pero a veces es necesario.
b) Imponerse no es bueno, pero a veces es necesario.

6. Para gustar:
a) Me arreglo y me visto con esmero.
b) Demuestro lo que puedo hacer.

7. En mi trato con los demás soy:
a) Intuitivo/a y delicado/a.
b) Sincero/a y directo/a.

8. De pequeño/a jugaba:
   a) Hablando, a juegos como papás y mamás.
   b) Con armas o coches, a guerras y policías y ladrones.

9. Me encanta tener:
   a) Relación con otros y compartir sentimientos.
   b) Aventuras y explorar sitios nuevos.

10. En casa me gusta:
   a) Cuidar detalles y disponer las cosas con calma y cuidado.
   b) Saber que todo funciona como deseo o arreglarlo.

11. Soy consciente de que a veces:
   a) Hablo de una forma demasiado tierna, que parece sumisa.
   b) Siento ganas de pegar un puñetazo o golpear cuando me llevan la contraria.

12. Me resulta fácil:
   a) Expresarme y comprender lo que sienten los otros.
   b) Orientarme y entender cómo funcionan los mecanismos.

13. Preferiría cuidar:
   a) A un animal doméstico que requiera cariño y ser alimentado con esmero.
   b) Un pequeño huerto que requiera un cuidado técnico, sistema de riego, abono y podas sistemáticas.

14. Si alguien me humilla:
   a) Retrocedo y después obro en consecuencia; la venganza es un plato que debe servirse frío.
   b) En cuanto puedo, me enfrento a esa persona con valentía, afrontando todos los riesgos.

15. Tener:
   a) Un bebé es una gran alegría.
   b) Un buen patrimonio es siempre lo mejor.

16. Paso un rato bueno y especial:
   a) Conversando con un amigo.
   b) Jugando al ajedrez con un buen oponente.

17. Mi forma de valentía es:
   a) Tener fortaleza y no desistir.
   b) Atreverme a hacer las cosas.

18. Me considero:
   a) Sensible y reflexivo/a.
   b) Valiente y efectivo/a.

19. Demuestro amor:
   a) Con amabilidad y detalles, probando que estoy receptivo.
   b) Haciendo cosas concretas por el otro.

20. Me gustan los deportes:
   a) Sosegados.
   b) De riesgo.

21. Practicar el sexo me afecta:
   a) En mi vida y me hace sentir un estado más pleno.
   b) En sentir satisfacción, es una manera de tener experiencias felices.

22. Me gustaría trabajar como:
   a) Bibliotecario/a, en un sitio bonito y confortable.
   b) Guardabosques, en un paraje silvestre y salvaje.

23. Pienso que:
   a) Soy más sensible que la mayoría de la gente.
   b) Mis juegos nunca incluyeron muñecas.

24. Tengo tendencia:
   a) A evitar pisar las grietas del suelo cuando camino por la calle.
   b) A jugar haciendo enfadar a los animales.

25. Debe ser bueno:
   a) Tener una floristería y montar composiciones florales.
   b) Ser contratista de obras y organizar el trabajo de un equipo que edifique casas bien hechas.

26. Me gusta informarme:
   a) Sobre temas interesantes de ciencia y tecnología.
   b) Sobre formas de mejorar mi imagen y resaltar al máximo mi belleza personal para ganar atractivo.

27. Si me visto de gala y veo que otras personas han coincidido en mi atuendo:
   a) Me sabe algo mal pues no destacaré tanto como he intentado.
   b) Me parece bien, pues significa que entono con el estilo de imagen adecuado para la ocasión.

28. Prefiero un trabajo:
   a) Que requiera precisión como cortar el pelo.
   b) Que dependa de la comprensión mecánica como arreglar un aparato.

29. Si quiero algo:
   a) Lo dejo entender y creo la ocasión para que me lo den.
   b) Lo pido o lo cojo.

30. Si alguien me gusta:
   a) Procuro gustarle, arreglándome y simpatizando.
   b) Intento conseguirle, llamándole y buscándole activamente.

Ahora, anota la puntuación obtenida en cada pregunta en el siguiente recuadro.

	Hábil	Fuerte		Adaptable	Violento		Narcisista	Acometedor
	a	b		a	b		a	b
1		9	11	4		21		5
2	8		12	8		22	6	
3		6	13	6		23	6	
4	9		14		5	24		3
5	7		15		9	25		8
6	8		16	7		26		9
7	7		17		5	27	6	
8	7		18	6		28	5	
9	5		19	5		29	5	
10	6		20	5		30	6	
total:	56	15		41	19		35	25

Una vez calculado el total, sombrea los recuadros que coincidan con tu puntuación en cada uno de los siguientes diagramas. Así sabrás en qué porcentaje posees una característica determinada para tu trabajo, tus relaciones y tu medio.

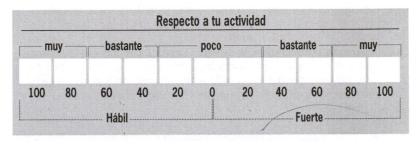

EJERCICIOS DE REFLEXIÓN

1. Cita cinco razones por las que es útil pertenecer a tu sexo.
2. Cita cinco razones por las que te satisface ser de tu sexo.
3. ¿Qué cinco cosas crees que pueden hacer sentir más satisfecha a una persona típica del sexo opuesto al tuyo?

EJERCICIOS DE ACCIÓN

1. Redacta una descripción estereotipada del sexo opuesto ánimus o ánima en cinco frases.
2. Cita cinco rasgos que describan como sería tu ánimus o ánima si pudieras remodelarlo y hacerlo más favorable. Es decir, describe a la mujer o al hombre que consideras ideal.
3. Tomando en cuenta que casi siempre vamos a dar con lo que esperamos encontrar y procurando mantener en tu mente la idea positiva del sexo opuesto que has expresado en el segundo de estos ejercicios, ¿qué necesitas creer que éste puede ofrecerte? (Cita cinco cosas).

Los ejercicios propuestos en este capítulo, tanto el test como los de reflexión y acción, son muy importantes para saber lo que realmente deseas y estás buscando. Lo que hay en común entre hombres y mujeres, así como las diferencias que los complementan son el secreto de la felicidad, porque de acuerdo a tu propio perfil, hay un perfil idóneo en otra persona que será, si la descubres, tu pareja ideal.

Capítulo 23

Roles sexuales

La liberación de la mujer es la liberación de lo femenino que hay en el hombre y de lo masculino que existe en la mujer.

CORITA KENT

A lo largo de la historia y en las diversas civilizaciones y culturas, han ido cambiando las formas «habituales» de manifestarse de cada uno de los sexos. Ha habido sociedades de todo tipo, polígamas y poliándricas. En el antiguo Egipto se permitía, por ejemplo, el matrimonio entre hermanos de sangre real y también los matrimonios múltiples. Sexto Empírico cuenta que en algunas zonas del antiguo Egipto, las mujeres podían prostituirse sin deshonrarse, pues la prostitución era considerada como algo noble y digno.

Podrían extraerse multitud de ejemplos históricos que demuestran que los roles adjudicados a los sexos no son fijos, sino, en su mayor parte, relativos a la cultura y a una época.

Nuestro estándar clásico occidental asumía que los hombres trabajaban y podían salir de copas y practicar deporte, mientras las mujeres cuidaban de la casa y los niños, compraban y hablaban por teléfono, hasta hace relativamente poco tiempo. El problema de este modelo no radicaba únicamente en que convertía a la mujer en un ser económicamente dependiente, sino en que, dado que las responsabilidades de ambos sexos estaban escindidas, más que cooperar, lo que hacían era competir entre sí.

Es difícil compartir cosas y mantener amistad con alguien que, por definición, tiene un estilo de vida opuesto al propio. A medida que hombres y mujeres se tengan por iguales y estén en igualdad de condiciones en todas las áreas de la vida, podrá darse un intercambio más real entre ambos.

Los roles masculino y femenino están transformándose, de generación en generación, cada vez más rápido. Y aunque éstos van evolucionando, podemos discernir ciertas características que se suelen adjudicar a cada uno:

Características	
Hombre	**Mujer**
• Espíritu guerrero. Elusión de la expresión emotiva. • Impulso de éxito. • Necesidad de probar su valor. • Creer que su impulso sexual es poderoso. • No admitir que desea o depende de la relación con una mujer. • Evitar la proximidad en las relaciones afectivas.	• Espíritu sustentador y tendencia a vincularse. • Deseo de amar y ser amada. • Capacidad de acercar al hombre a su mundo interior. • Creer que su instinto sexual es débil. • Gustar de los hombres con éxito y poder. • Querer ser atractiva para agradar al hombre. • Verse frustrada en sus relaciones con el hombre. • No evitar sus emociones, pero sí la confrontación.

Según estas características, todo hombre normal se siente satisfecho después de haber consumado el acto sexual con la pareja escogida. Por el contrario, toda mujer –que se ajusta a las características típicas del rol– quiere sentirse satisfecha antes de consumarlo. Dado que los hombres se centran en el «después», y las mujeres en el «antes», en las primeras etapas de una relación, ellos actúan de forma seductora, pero cuando la mujer ya es alguien asumido o conquistado, se centran en su interés.

La mujer que quiere superarlo, ha de comprender que esto no es así porque los hombres sean malvados y desalmados, sino porque piensan que lo que funciona para ellos –el lograr relaciones sexuales–, tiene que funcionar también para su pareja como recompensa. Se trata, entonces, de asumir que ambos sexos desempeñan roles ancestrales diferentes y se satisfacen de manera distinta. Mientras esto no se comprenda, la distancia que media entre dichos roles opondrá a hombres y mujeres dificultando las relaciones entre ambos y las colmará de malentendidos, oponiéndose a sus posibilidades de amistad. De modo que, por decirlo con sencillez, en lugar de tratarse de un problema grave, esta circunstancia no es más que una confusión.

Los doctores y especialistas Jonathan Kramer y Diane Dunaway analizan en su libro *Por qué los hombres no obtienen suficiente sexo y las mujeres no obtienen suficiente amor* en qué se basa dicha confusión.

Conceptos erróneos que tienen muchos hombres respecto a las mujeres

1. Una mujer está siempre disponible para el sexo, no importa el trabajo que haya hecho, ni las horas que lleve sin dormir, comer, etcétera.
2. Las relaciones sexuales consiguen solucionar todos los problemas de pareja.
3. Cuando una mujer está enamorada, accede al sexo sin demasiados preámbulos.
4. Si se desea sexo con una mujer, lo más efectivo es ir directo al grano.
5. Las mujeres son demasiado emocionales.
6. Las mujeres son irracionales, imposibles de complacer.
7. Las mujeres no piensan sin hablar, dicen lo que piensan.

8. Si un hombre está con una mujer, ella asegura que la ama.

9. Seducir a una mujer significa, simplemente, llamarla y enviarle tarjetas y/o flores.

10. Si una mujer parece sexualmente atractiva, quiere decir que es una mujer con la que se puede disfrutar en la cama.

Conceptos erróneos que tienen muchas mujeres respecto a los hombres

1. Los hombres verdaderos son tan seguros de sí mismos que no se les ha de apoyar.

2. Un verdadero hombre sabe cómo hacer el amor, no necesita que le digan nada.

3. Si un hombre quiere a una mujer, deseará hablar mucho con ella antes de hacer el amor.

4. Si un hombre quiere a una mujer, se tomará tiempo en estar con ella para entender lo que siente.

5. Los hombres son imposibles, como niños, si les dejas a su aire destrozan tu vida.

6. Si un hombre quiere, confía sus sentimientos profundos.

7. Si un hombre ama, sabe lo que excita y estimula a su pareja y se esmera en hacerlo.

8. Si un hombre está enamorado, es afectuoso, tierno y amable con su pareja.

9. Si un hombre quiere, se muestra romántico y piensa en la forma de hacer feliz a su pareja.

10. Si un hombre quiere, ayuda en las tareas domésticas porque considera que es obligación de ambos.

El objetivo del siguiente ejercicio es tener claras en tu mente las características que te gustaría que tuviera una posible pareja para poder realizar a continuación un ejercicio de imaginación.

EJERCICIOS DE REFLEXIÓN

1. Piensa en una persona concreta con la que deseas o podrías desear mantener o profundizar una relación de pareja. Subraya las características que sinceramente crees que posee esa persona y te gustan y explica para cada rasgo de los que siguen, el porqué.

aplomo / autenticidad / autoaceptación / autoconfianza / autoconocimiento / estabilidad / extroversión / firmeza / flexibilidad / generosidad / honorabilidad / humildad / idealismo / introversión / madurez / misticismo / modestia / normalidad / optimismo / orgullo / principios / realismo / recursos / sabiduría / salud / sensibilidad / seriedad / tenacidad

El objetivo es que, posteriormente, puedas trasladar este conocimiento a una relación concreta, con una persona que te interese realmente.

EJERCICIOS DE ACCIÓN

1. Imagina que te encarnas en una persona del sexo opuesto muy atractiva y mantienes con ella una entrevista. Trata de establecer un diálogo en que tú hables y ella te responda según su personalidad. En función del discurso de la otra persona, trata de descubrir todo lo que puede hacer alguien o tú mismo/a para gustarle. Después, escribe una redacción pormenorizando lo aprendido durante el diálogo imaginario.

Todo lo que se ha explicado en este capítulo es importante para no caer en respuestas automáticas basadas en antiguos prejuicios sobre los roles femenino y masculino. Debemos actuar con espontaneidad y de forma natural, teniendo muy en cuenta quién es nuestro interlocutor. No dar por sentado que un hombre reaccionará siempre de la misma manera por pertenecer a su sexo y que lo mismo es válido para una mujer.

Olvidar lo aprendido o mejor dicho, mal aprendido, de nuestros antecesores para ser nosotros mismos. Ésa es la única forma de recibir el mensaje que en verdad emiten los demás.

Capítulo 24

La teoría del alma gemela. Desarrollarnos en el sentido deseado

La primera causa del movimiento no se halla en la materia,
siempre es necesario remitirse a la voluntad como primera instancia.
Creo, por lo tanto, que la voluntad mueve el universo
y da vida a la naturaleza.

JEAN-JACQUES ROUSSEAU

Más allá de una visión materialista del universo, contemplamos la vida como algo animado por una energía que trasciende cuanto está al alcance de nuestros sentidos. Desde esta perspectiva, la parte esencial de cada uno de nosotros o alma, posee una energía propia y busca su igual en un alma gemela. ¿Pero qué es un alma gemela?

En el presente capítulo se expondrá en qué consiste una pareja que encarna a nuestra alma gemela, ese tipo de persona con la que, desde el primer instante, la comprensión mutua es superior e íntima.

¿Qué es un alma gemela?

Un alma gemela es alguien que nos atrae y es capaz de hacernos sentir atracción y simpatía plenas. Se trataría de nuestro ideal romántico. Existen dos explicaciones de por qué hay personas que se perciben como almas gemelas.

La explicación física al hecho de que nos sintamos atraídos por una persona a nivel biológico, es una «sabiduría» que procede de nuestro propio ADN, es decir, de nuestra composición genética. Aunque no seamos conscientes de ello, percibimos una atracción real, física y material hacia ese otro ser. Según la explicación mística, todos somos reflejo del espíritu de perfección divina que rige la naturaleza y, en este sentido, seguimos las reglas de la misma, ejerciendo y sintiendo una atracción hacia nuestro igual, una especie de gravitación que nos impulsa hacia él.

La dificultad de encontrar el alma gemela

Si las teorías antes expuestas son reales, ¿cómo es posible que nos cueste tanto encontrar esa alma gemela? Probablemente se deba al hecho de que es imposible lograr algo que no sabemos que deseamos. La mayor parte de la gente pasa su vida buscando a otra persona que la satisfaga y encontrándose con individuos que no son conscientes de lo que en verdad desean.

Para que un alma gemela pase a formar parte de nuestra realidad hemos de desearlo e imaginarla con viveza, sólo así podremos fundirnos en ella.

Deseo = Atracción = Energía (física y real)

Una vez aparece una imagen sentida del alma gemela y se dispara el deseo de ella, estamos en la ruta que conduce a encontrarla. Así pues, las personas no deben buscar a alguien correcto, sino simplemente conseguir desear con claridad y fuerza la imagen de un alma gemela. Cuanto más se desarrolla este deseo más cerca de ella estamos, pues esa alma que deseamos se encuentra al mismo nivel de desarrollo que la nuestra: ella se aproxima a nosotros tanto como nosotros a ella.

¿Cómo funciona la atracción física y real de una imagen?

Como a nivel físico lo semejante atrae lo semejante, si se planta mental y emocionalmente una semilla, se recoge el fruto de la misma. Si se piensa en lo precioso que será estar con el alma gemela, dado que ésta es como nosotros mismos, probablemente dicha alma gemela esté pensando también en lo maravilloso que sería que estuviésemos cerca de ella.

El encuentro puede ser totalmente inesperado, cuando no se esté pensando en ello como fruto natural de un amor incondicional a una imagen. Cuando una persona se encuentra con su alma gemela, ésta le permite ser tal y como realmente es, se siente ella misma en su compañía y se produce un sentimiento feliz porque una es el espejo de la otra.

Un alma gemela es un ser que encaja con lo más profundo de nuestro yo. Es por eso que debe buscarse en el inconsciente. Para atraer a un alma gemela debemos comprender que hay una naturaleza más allá del cuerpo, –el alma–, la cual nos dota de una identidad espiritual, bondadosa, responsable. Es ésta la que aporta el carisma necesario para llegar al alma gemela y magnetizarla. Cuanto más intenso es el deseo, más magnetismo o energía se materializa en la atracción física de lo que se desea. He aquí dos modos de aumentar nuestro magnetismo sobre un alma gemela:

- **Calmar la mente,** acallándola, buscando el espacio más tranquilo, vacío de ideas y colmado de un dulce sentimiento que se pueda hallar en nuestro interior. Centrándonos en la respiración, el latido, el plexo solar y disfrutando de la agradable sensación de estar vivos y gozar de nuestro ser interior.
- **Reconocer la belleza** del cuerpo, porque éste es una obra de arte viva, delicada y resistente a la vez. Mimarlo y tratarlo con cuidado, abandonar todos lo malos tratos que se le ha dado.

Pensar en el precio que tendría en dinero nuestro cuerpo si nos lo robaran y tuviéramos que pagar para recuperarlo. El cuerpo es tan valioso que es algo sagrado en sí mismo. La conciencia de ello aumenta nuestro magnetismo.

Los dos puntos anteriores se realimentan entre sí, pues al llenarnos de pensamientos, damos la espalda al cuerpo y, por el contrario, al vivirlo, lo apreciamos.

Dos paradojas mágicas para dar con tu alma gemela

1. Cuando aprendes a amarte, desaparece la necesidad de ser amado.
2. El amor atrae más amor. Si te amas a ti mismo te conviertes en un poderoso imán. Haciendo un buen uso de tu cuerpo, cuidándolo con atención a sus requerimientos y necesidades, introduciendo deseo en tu centro, observando con claridad lo que prefieres, la persona que más encaja y se entiende contigo y que encarna todo el magnetismo que tú puedes generar.

Se trata de creer que mereces ser amado por ser quien eres, alguien encantador. Es así como el amor te sobrará y podrás elegir a tu favorito. Si todos deseamos intimidad con los demás es porque antes de pasar a tomar la forma humana, éramos parte de la misma energía cósmica, con lo que, en esencia, somos lo mismo y ansiamos unirnos de nuevo. Si la intimidad resulta tan difícil de conseguir es porque las personas no nos manifestamos tal como somos, nos falta honestidad.

Si no nos abrimos es por temor a ser vulnerables, por miedo a ser conocidos por los demás, una limitación dolorosa, pues nos lleva a una carencia de intimidad.

Nuestra sociedad nos inculca erróneamente que un espacio agradable puede hacernos daño. Podemos aprender a permitir conscientemente que, se nos acerquen y ser más abiertos. Mostrarnos como en verdad somos.

Ése es un sentimiento muy pleno y gozoso que, aunque en un principio nos hace sentir frágiles, nos permite descubrir cada vez más lo dignos que somos de ser amados, lo que, a su vez, provoca que nos vayamos mostrando más y más ante cualquier persona o situación.

EJERCICIOS DE REFLEXIÓN

1. Siéntate cómodamente en un lugar en el que puedas realizar el siguiente ejercicio con imágenes:

   – Intenta tener una imagen de ti mismo/a. Experimenta la vivencia de estar aquí y ahora sin pensar. Nota el placer de respirar y siente el plexo solar.
   – «Enciende» la imagen de una persona que sientes que desprende un gran magnetismo sobre ti, alguien que puede ser tu alma gemela. Siente el deseo de su presencia física o atracción y psíquica o comprensión y entendimiento profundos.

2. Describe en cinco frases lo que has sentido al percibir durante el ejercicio anterior la imagen de tu alma gemela, aunque en la realidad aún no la hayas encontrado.

EJERCICIOS DE ACCIÓN

1. Apunta cinco cualidades que crees que tiene tu alma gemela y cinco defectos que no puede tener.
2. Para cada una de las cualidades y defectos, cita a una persona real que conoces o conociste que los tenga.
3. Intenta describir en cinco frases la persona ideal de tu constructo de Kelly.

El objetivo de estos ejercicios es que durante los próximos días pongas atención en las características de cada una de las personas del sexo opuesto que tratas y que te atraen. Por ejemplo, el cabello de la mujer con la que compartiste el ascensor. No importa que la persona en cuestión no te atraiga globalmente. Se trata de un ejercicio sobre tu capacidad de detectar el magnetismo.

Cuando te fijes en rasgos físicos, hazlo por la mañana. Y, por la tarde, practica el mismo ejercicio, pero esta vez con características psicológicas. Por ejemplo, cómo me trata el portero de la casa de un amigo.

Por último, haz dos inventarios de las cinco cosas que más te han atraído en ambos aspectos.

Llevando a cabo estos ejercicios sabrás realmente qué deseas y podrás acercarte, cada vez más, a un ideal, lo que equivale a aprender a identificar una posible alma gemela. Aunque a veces no conozcamos el rumbo preciso, lo positivo es movernos en una dirección, la intuición nos irá llevando por el buen camino.

¿Recuerdas cuando en tu infancia leíste *Alicia en el país de las maravillas*, de Lewis Carroll. Hay cosas que merecen ser traídas de nuevo a nuestra mente por su vigencia y su valor.

—Eso depende en gran medida de dónde quieras ir— dijo el gato.
—Me da igual un sitio u otro—, respondió Alicia.
—En tal caso, no importa nada el camino que elijas.

A veces tenemos la sensación de que recorremos un camino que ya conocemos o que hemos transitado antes, y son muchos los filósofos que han tratado este tema. El propio Voltaire señalaba que «en la naturaleza todo es resurrección».

Por su parte, el gran poeta William Wordsworth dejó escritos los versos memorables que transcribimos a continuación y que te serán muy útiles para reflexionar sobre tu origen y hacia dónde vas.

Nuestro nacimiento es un sueño y un olvido;
el alma que amanece con nosotros, nuestra estrella,
tuvo su lugar en otra parte,
y viene de muy lejos,
aunque no en un olvido absoluto
ni en completa desnudez,
pues llegamos arrastrando nubes de gloria
desde Dios, nuestra morada.
El cielo nos rodea en nuestra infancia.

Esta teoría expresada en tan bellas metáforas, también fue formulada por Cicerón, que sostenía que los hombres conocen la mayoría de las cosas antes de nacer. Según esta afirmación, cuando somos niños estamos capacitados para entender innumerables fenómenos con tanta rapidez que es obvio que traemos un conocimiento adquirido genéticamente y lo vamos recordando. Y si esto es así con tantas cosas, ¿cómo no vamos a saber cuál es nuestra alma gemela? No hay duda, está en algún sitio y muy cerca, buscándonos, como nosotros a ella.

Capítulo 25

La dependencia

Un buen don Juan debe probarlo todo,
aunque sólo sea por el placer de ampliar la lista,
como afirma su criado Leporello en don Giovanni *de Mozart.*

JAVIER DE LAS HERAS

Tenemos una visión del «adicto» como alguien totalmente enfermo y desintegrado, pero lo cierto es que vivimos en una sociedad en la que las reacciones adictivas hacia sustancias, costumbres y personas son vistas como algo normal.

La tendencia adictiva existe en nosotros como una «fuerza» que nos empuja a buscar las soluciones a nuestros problemas, de una forma rápida, sin esfuerzo y evasiva, sin enfrentarse a la realidad, sino escapando de ella.

La tendencia adictiva puede empujar al abuso de cualquier cosa, idea o persona, desde la comida a la religión, y lo malo no es el objeto de adicción en sí mismo, sino el móvil adictivo de quien lo consume.

Todos somos en mayor o menor grado adictos, en relación inversamente proporcional a nuestra madurez psicológica. Las tendencias adictivas en el campo de las relaciones humanas pueden ser tantas como casos existan. Para simplificar concretaremos los diferentes tipos de adicciones:

1. **Adicción a la conquista** o «donjuanismo», necesidad de coquetear y obtener respuestas positivas. Son individuos que necesitan sentirse deseados por muchas personas a la vez, «coleccionando» parejas.

2. **Adicción a la relación o romanticismo compulsivo.** Necesidad de pertenecer a una relación de tipo romántico, tendencia a mantener relaciones abusivas o poco realistas...

3. **Adicción al sexo o búsqueda compulsiva del orgasmo.** Necesidad de consumir actos que satisfagan sexualmente, tendencia a presionar o forzar a otras personas para excitarse, etcétera.

Obviamente todas las personas pueden buscar cualquiera de las tres opciones anteriores, sin, por ello, llegar a ser adictos. Para diagnosticar un problema de adicción, deberán darse dos condiciones determinadas:

a) La persona se aferra a la obtención del objeto adictivo como medio rápido, potente e insustituible, de alterar su estado de ánimo y solucionar su ansiedad. La persona en cuestión tiene una tendencia compulsiva a obtener algo como «solución mágica».

b) La persona sufre a consecuencia de su adicción una serie de problemas que deterioran su bienestar, su salud física o psicológica, sus otras relaciones, su trabajo, etcétera.

Paradójicamente, la persona adicta cree que su objeto de dependencia la libra de su malestar interior. Su problema no radica en la falta de voluntad para evitar el objeto –conquista, relación, sexo–, sino en la idea de que el objeto posee todas las soluciones automáticas a los problemas de su vida.

¿Cómo saber si una relación es adictiva?

Hay cuatro signos que nos pueden ayudar a determinar cuándo la relación de alguien con un objeto o persona es adictiva:

1. Obsesiona a la persona.
2. Trae consecuencias negativas para la vida de la persona.
3. Domina a la persona, a la vez que ésta ha perdido todo el control.
4. La persona niega todo lo anterior y, por el contrario, cree que es la relación con el objeto, o la otra persona, lo que la alivia y la ayuda a mejorar su vida.

En toda adicción la persona ve el objeto adictivo como un potente e irremplazable medio de lograr la felicidad; esto la sumerge en una espiral de dependencia, pérdida de libertad, aumento de la tolerancia –cada vez necesita más– y síntomas de abstinencia, es decir que cada vez tiene menos recursos para prescindir del objeto o sujeto de su adicción.

¿Cómo se supera una relación adictiva?

- Comprendiendo que hay una adicción (suspensión de la negación).
- Reconociendo que la solución a los problemas de uno mismo, pasan por cambiar y modificar las circunstancias de la propia vida (suspensión de las esperanzas mágicas en una «solución rápida»). Concreción de las nuevas formas saludables de canalizar la ansiedad (deporte, relajación...).
- Aprendiendo a entrar en contacto con los propios sentimientos y tratándose, uno mismo, con aprecio.

Se trata de un proceso de aprendizaje, no de algo instantáneo, como el momento en que se aprende a andar y los pasos son inseguros y las caídas son muchas. En las primeras etapas de superación de la relación adictiva, aparecen recaídas que nunca deben interpretarse como fracasos, sino como etapas de «ensayo-error». Una persona que quiere abandonar una relación adictiva debe replantearse no sólo su fuerza de voluntad, sino todo su estilo de vida.

Preguntas que deben responderse para frenar una adicción

1. ¿Hasta dónde me ha llevado mi adicción? ¿Qué daños me causa o me ha ocasionado?
2. ¿Qué ventajas persigo con la adicción? ¿Cuáles de ellas satisfago realmente?
3. ¿Hasta cuándo aguantaré esta situación?
4. ¿Tengo posibilidades de sobrevivir si me abstengo?
5. ¿Cómo manejaré las excusas que yo mismo me daré para recaer?
6. ¿Cómo controlaré mi compulsión adictiva cuando quiera rebrotar y llevarme a otra dependencia?
7. ¿Con qué recursos personales cuento?
8. ¿Quiénes me pueden ofrecer su apoyo?
9. ¿De qué otras formas obtendré el placer y la plenitud que buscaba en mi objeto de adicción? ¿Qué estilo de vida puede satisfacer las necesidades que me empujaron a la adicción?
10. ¿Qué podré hacer que ahora no puedo? ¿Qué ilusiones conseguiré recuperar?

EJERCICIOS DE REFLEXIÓN

1. Haz una lista de cinco personas que han sido muy importantes para ti señalando, para cada una, si crees que fue positiva o negativa para tu desarrollo personal y si crees que entrañaba una dependencia adictiva o no.
2. ¿Conoces a una persona que tenga una relación adictiva con su pareja en grado muy avanzado? Anota cinco razones por las que es evidente que esto es así.

EJERCICIOS DE ACCIÓN

1. ¿Tienes algún modelo de persona que sabe tolerar la ambigüedad y la frustración, evaluar opciones, comunicarse honestamente y superar por su cuenta las penas de la vida? Es decir, la persona más difícil de «engancharse» en una adicción que conozcas. Explica en cinco frases cómo es, poniendo en cada una un ejemplo de reacción que ha tenido.
2. Cita cinco cosas que podrías hacer tú para emularla.
3. Piensa en alguna adicción que has tenido y cita cinco necesidades que intentabas satisfacer con ella.
4. Para las necesidades anteriores enumera un modo más positivo de satisfacerlas, solo/a y con otra persona.

El objetivo es llevar a la práctica una de las cosas que has citado en la segunda pregunta y narrar tu experiencia. De este modo comprenderás que se puede superar cualquier adicción, por muy difícil que parezca, sobre todo cuando se trata de una adicción a una persona con la que nos relacionamos. Cuando todo pasa y miramos atrás, nos reímos de lo vulnerables que nos sentimos y nos «vacunamos» para el futuro.

Detrás de una tendencia adictiva hay una falta de identidad, una necesidad de complacer a los demás porque, si no lo hacemos así, no nos amarán. La autora A. M. Washton relata que una persona que siempre se había sentido insegura se convirtió en una adicta sexual por no poder negarse a lo que cualquier hombre le pedía. Sin embargo, consiguió superar su adicción pese al miedo a fracasar. Éstas son sus palabras:

Hace sólo dos semanas, le pedí a mi novio que se hiciera un análisis de SIDA. Antes no me habría atrevido jamás a pedirle a alguien algo así, pese a lo importante que es para mi propia seguridad, porque podría molestar o incomodar al otro. ¡Pero ahora me resultó tan simple! Me limité a preguntarle, «¿podrías hacerlo?». Y él me contestó que sí. Después de eso sentí una corriente de intenso afecto por mí misma y la convicción de que ya no iba a volver atrás nunca más. Fue una sensación maravillosa.

La misma autora discurre sobre la adicción que algunas personas sienten hacia la comida, llegando a convertir a los alimentos en una verdadera compañía sin la que sienten soledad y angustia.

Uno de los problemas más graves de las adicciones, sobre todo en una relación, es la necesidad permanente de tener a determinada persona cerca todo el tiempo para calmar la necesidad o dependencia que se tiene de la misma. Esto, como señala el autor Robert J. Sternberg en su libro *La inteligencia exitosa*, lejos de conseguir lo que persigue el adicto, lo aleja del objeto deseado. Mientras que, paradójicamente, cuando hay límites y distancias en una relación, el otro ansía la intimidad y la busca por sí solo.

Enfrentarse a una adicción es un gran reto, pero no es mayor que el de plantearse cualquier objetivo y alcanzarlo. Si tienes este problema, recuerda que tú puedes superarlo, de modo que ponte manos a la obra ya mismo.

Capítulo 26

Los celos

*Si los celos son motivados significa que uno de los dos, en realidad,
no quiere enamorarse, o no está enamorado. Si los celos no son
motivados significa que tenemos miedo, que no queremos amar,
que no queremos creer, que no queremos abrirnos.*

FRANCESCO ALBERONI

El sentimiento de los celos engloba las emociones de rabia y miedo. Aparece cuando alguien piensa que puede perder a una persona, generalmente, la persona amada. Aunque los celos pueden existir en cualquier relación, los más comunes son los de pareja.

Celar significa vigilar o estar alerta. La persona que siente celos está en una situación de continua desconfianza, generando una gran tensión emocional. Si bien hay problemas personales que causan celos, tales como una personalidad de tendencia paranoide, o una adicción al alcohol; en las personas estadísticamente normales, son un fenómeno interactivo, causado y regulado por las reacciones del otro y los propios pensamientos. Esto equivale a que alguien puede ser celoso en una pareja y confiado en otra, es una cuestión de compatibilidad.

La historia de la humanidad ha reconocido ancestralmente los celos como un sentimiento socialmente aceptable de los hombres hacia las mujeres, justificando el empleo de todo tipo de coacciones psicológicas e incluso físicas. Se suele creer que la clitoridectomía sólo se practicó en algunas tribus africanas y en contados grupos musulmanes en épocas remotas. Sin embargo, se sigue practicando hoy en día. Consiste en extirpar el clítoris antes de que una niña llegue a la pubertad, para que no pueda experimentar placer sexual.

La clitoridectomía quirúrgica también se ha practicado en Occidente, era una operación utilizada para «curar» a las mujeres que padecían de un «interés sexual anormal». Insólitamente, a lo largo de los siglos, los hombres han sido los que han explicado a las mujeres lo que significaba su sexualidad, cómo funcionaba y cómo debían sentirse ellas al respecto, teniendo como marco de referencia la sexualidad masculina. De manera que si el cuerpo y las sensaciones de las mujeres diferían del modelo impuesto, debían ser remodelados.

Otra manera de asexualizar a la mujer ha sido inculcarle la idea de que «la ausencia de deseo sexual es la esencia de la feminidad correcta». Desde el empleo de cinturones de castidad en Occidente durante el medioevo, hasta los aros de las «mujeres jirafa» de Birmania, especialmente crueles, ya que están diseñados para que la mujer necesite de este soporte durante toda su vida, a riesgo de quedarse inválida sin el mismo, –en caso de adulterio, basta con quitarle uno de los aros para que toda su estructura ósea se desmorone. La represión de la sexualidad femenina se institucionalizó en las culturas patriarcales como una forma de controlar a la mujer, y se justificó como una necesidad para asegurar la fecundidad y la continuidad de una pareja.

Ventajas de los celos

Dice un conocido refrán gallego que «amor y celos son hermanos gemelos». Ciertamente, es la dosis la que hace el veneno. Los celos moderados pueden, incluso, ofrecer ciertos alicientes:

- Mantener oculto algo, dota de interés a la persona.
- Los celos son la antítesis de la monotonía, provocan intriga.

- Los conceptos de verdad y mentira son, de por sí, ambiguos, lo que da más matices a la relación.
- Promueven que la pareja se esfuerce para resultar más atractiva; por resultar «competitiva en el mercado».
- Una pareja preocupada por si tendrá en exclusiva al objeto amado es, en principio, una pareja más interesada.

Podríamos citar bastantes más ventajas, si bien son relativas, en relación a los probables inconvenientes de unos celos excesivos. Hasta ahora hemos hablado de los «celos razonables», un sentimiento que te conduce a poner más atención en tu relación de pareja y a no abandonarla a su suerte. No obstante, los celos pueden ser destructivos cuando sobrepasan cierto nivel. En suma, son un sentimiento que actúa como un arma de doble filo que puede, además de deteriorar la relación, sea cual sea su punto de desarrollo, ser negativo por muchas razones:

- Una persona despechada por los celos, tiende a ser vangativa.
- Una infidelidad consumada y evidente pierde toda la ambigüedad, es decir, su función atractiva.
- Una persona muy celosa siente su amor propio herido, con lo cual ya no desea esforzarse más, sino «empuñar el hacha de guerra».
- Los celos remueven fantasmas como el miedo y la rabia inconscientes y, una vez abiertas las compuertas de los mismos, los resultados pueden ser desbordantes.

De manera que los celos sabiamente dosificados entran dentro de lo que llamamos coqueteo, se trata de jugar con la otra persona para despertar o mantener su interés. Los celos deben dosificarse y la dosis vendrá determinada por el tipo de pareja que se tenga. Los celos desmedidos son peligrosos porque producen un sentimiento de rechazo y éste conduce a un ansia de venganza.

Celos fundados. Despecho y ansia de venganza

El ansia de venganza procede del rencor y el odio y nos convierte en aquello que despreciamos. Quien tiene ansia de venganza realmente sufre. ¿Cómo liberarse de ésta? La buena noticia es que la fantasía de la venganza tiene el mismo poder calmante que la venganza consumada en la realidad. La venganza imaginada, pero no llevada a cabo, puede aliviar.

La imaginación suele ser una buena aliada para superar este tipo de sentimiento. Cuando alguien siente deseos de venganza puede imaginar las fantasías de rencor más alocadas y tenerlas al tiempo que camina o corre o hace cualquier ejercicio físico para dar más viveza a lo imaginado. Las imágenes deben ser nítidas y el potencial evocador aumentará cuanto más concretas y pormenorizadas sean. Estas imágenes conllevan una descarga emocional. Al principio se sentirá una alegría sádica. Si se deja salir toda la rabia acumulada, se llega luego a la inteligente conclusión de que no es necesario derramar todo ese veneno, ya se habrá extraído del organismo y no tiene utilidad ninguna traspasárselo a nadie. Las decisiones razonables que se deben tomar con respecto a la persona que nos ha hecho sentir celos, podrán tomarse igualmente, una vez recobrada la serenidad.

Cuando alguien se siente despechado, lo más inteligente que puede hacer es desahogarse en privado y en una circunstancia en que no perjudique a nadie.

El tormento de los celos infundados

Los celos proceden de la frustración de creer que alguien puede darle a la persona amada algo que nosotros no podemos ofrecerle. Basándonos en esta hipótesis, una forma útil de superar la tendencia a sufrir celos, consistiría en cultivar pruebas concretas de lo mucho que se puede dar y que sea valioso y único al ser amado.

Para actuar así, hay que concienciarse acerca de los rasgos únicos y de los potenciales personales que no poseen otras personas más que nosotros. Es una forma de combatir el sentimiento de celos, compensándolo con la propia confianza en lo que nosotros sí podemos hacer, por ser quienes somos.

Charo Pascual sostiene que los hombres se sienten especialmente atraídos por las mujeres que intuyen que pueden serles infieles, por lo que recomienda a las mujeres mantener ciertas dosis de intriga y misterio en sus relaciones. «No hace falta serlo», dice, «sino parecerlo».

A los hombres les recomienda, en cambio, todo lo contrario. Dar seguridad es, en este caso, el lema a seguir, actuar con generosidad y expresarla. «Sólo te pido que no cambies nunca», es la clave en el cortejo a una mujer, según esta autora.

Si alguna vez has experimentado celos, puedes intentar analizar el motivo y comprobar si, realmente, estaban justificados. El siguiente ejercicio te ayudará a tener una visión más objetiva de los mismos.

EJERCICIOS DE REFLEXIÓN

1. Escribe cinco ejemplos de acciones que pueden causar celos moderados a una pareja mientras está en una fiesta.
2. Escribe cinco ejemplos que podrían convertir cada una de las anteriores acciones en causa de un enfado justificado a tu entender.
3. Escribe cinco ejemplos en que las acciones reseñadas como respuesta a la primera pregunta fueran de tal gravedad que justificaran una ruptura irreconciliable
4. Cita cinco razones por las que los celos dependen de la acción que los provoca y cinco en que sean los pensamientos de la persona que los vive los que los motivan.

EJERCICIOS DE ACCIÓN

1. Describe cinco situaciones en tu vida en las que crees que puedes causar celos a otra persona. (Usa la imaginación, no hace falta que haya sucedido en realidad).

2. Describe en cinco frases una situación de tu vida en la que sentiste celos de otra persona.

3. ¿Qué tres diferencias básicas hay entre causar y pasar celos, a tu criterio?

4. Piensa y apunta tres actitudes que pudiendo provocar unos celos mínimos, puedan ser productivas e inofensivas para fomentar el interés de una pareja posible o real.

Tratar de resultar interesante no sólo es legítimo sino que, a veces, es decisivo en una relación amorosa. De modo que tienes todo el derecho a hacerlo, siempre y cuando no hagas daño a los demás o provoques sentimientos contrarios a los que te propones, como pueden ser el rechazo o el odio. Pon en marcha tu campaña de sentirte especial, para que los demás aprecien tu valor y si puedes introducir una pizca de celos en tus relaciones, ¡adelante!, un poco de pimienta hace sabroso un plato. Pero no olvides que demasiada puede sentar mal.

Capítulo 27

El doble modelo sexual y la culpa

El amor nunca será ideal mientras los hombres sigan creyendo que pueden estar casados a medias o ser fieles a medias.

HELEN ROWLAND

Aunque la sociedad está cambiando, existe todavía el doble modelo. Lo que es aceptable para ellos no lo es para ellas y viceversa. Por ejemplo, muchos hombres reconocen que intentan parecer mejor de lo que son para acceder sexualmente a una mujer y muchas mujeres afirman que tras compartir el sexo con una pareja se desplaza el centro de poder y se produce un cambio fundamental en la relación. Antes, la mujer es deseada; después, se siente como si fuese ella la que hubiese deseado. Aunque no todos los hombres desarrollan esta doble actitud, ésta es todavía muy común, a juzgar por los estudios sociales realizados en los 90, según el informe Shere Hite.

El doble modelo permite que un hombre emplee todos sus medios para expresarse sexualmente, con o sin sentimientos, siempre que lo desee, pero en cambio esto no debe ser igual para una mujer. En este tipo de «mercado» es como si los hombres decidiesen si a una mujer determinada hay que considerarla digna de ser tomada en serio o destinada a uso sexual. Asimismo, un concepto intermedio muy común que existe es el de la mujer prescindible, como si los hombres fueran los «astros naturales» de la relación, los que tienen derecho a imponer sus propias leyes.

Sexo e inicio de la relación

En la primera etapa de una relación existe la idea común de que será el hombre el que presionará siempre para iniciar los contactos sexuales. Conviene señalar que esto es un convencionalismo social y no una condición biológica, por lo tanto, es un tipo de modelo que está en evolución constante.

Los hombres que presionan para que se dé una relación física en las primeras tres citas, pueden pasar a buscar otro tipo de conquista si su objetivo se demora. Si el hombre busca mujeres que accedan fácilmente al sexo, no tiene sentido que una mujer acepte hacer el amor con él sólo por retenerle, ya que, de este modo, pierde el aliciente que, para ese hombre en particular, podría tener. Algunas mujeres «pican» en este tipo de juego y se plantean cuál es el momento adecuado para acceder, como si fuera un problema ante el que el hombre ha de reaccionar bien, cuando lo lógico es pensar que se trata de un deseo compartido.

Aunque también hay mujeres que acceden por diversión y se sorprenden de hallar que muchos hombres estén tan preocupados en no comprometerse. Embargadas por su sentimiento de sorpresa, ni siquiera reparan en el hecho de que ellas mismas no querrían repetir la experiencia.

Algunas mujeres disfrutan flirteando con los hombres como entretenimiento sin buscar ningún tipo de contacto real. Su objetivo es inducir a que se las desee. Se trata de explotar la parte interesante de constituir un objeto sexual, una forma de poder –aunque sea en una determinada circunstancia–, para poder controlar al hombre. La disculpa femenina más habitual para este tipo de actitud es que, precisamente, el doble modelo las obliga a optar entre ser estúpidas/banales o inteligentes/honradas. Si comprendieran que una de estas cosas también les permite la posibilidad de ser la otra, no les parecería necesario optar entre ambas.

La culpa

Las mujeres tienden a vivir una culpa difusa con respecto al sexo fuera de una relación comprometida. Y tanto mujeres como hombres reconocen que existe una desigualdad en el apoyo emocional que se brindan dentro de una relación. La gran mayoría de hombres casados afirman que sus mejores amigos son sus esposas. Muchas mujeres afirman, por el contrario, que quieren a sus maridos pero cuando desean hablar con alguien se dirigen a sus mejores amigas, otras mujeres.

Otra consecuencia del doble modelo es que, según afirman muchas mujeres, aunque tengan amigas confidentes, les es muy difícil explicarles las situaciones de «terror emocional» que pueden vivir en su pareja. La razón mayoritariamente esgrimida es que perciben que si no ocultan esos malos tragos, sobre todo los peores (como violencia física) a los amigos y a la familia, éstos las reprenderán y criticarán por haber consentido ser menospreciadas. Así, por miedo a perder el respeto de sus confidentes, los tratos más humillantes se mantienen en secreto, y la víctima se culpa de sus propios padecimientos.

Afortunadamente, esta actitud empieza a cambiar, el doble modelo comienza a parecerle caduco a gran parte de la sociedad, al menos a la hora de dar su opinión sobre el mismo.

EJERCICIOS DE REFLEXIÓN

1. Supón que estás en la calle con una persona amiga y se os cruza alguien del sexo opuesto muy atractivo. La persona que está contigo profiere en voz alta un piropo subido de tono. Expresa en cinco frases cómo te sentirías, qué pensarías y qué le dirías.
2. Supón que la persona que os habéis cruzado se os acerca y resulta ser una amiga de tus padres. Expresa en cinco frases cuales serían tus sentimientos y actitud.

EJERCICIOS DE ACCIÓN

1. Describe cinco formas de plantearle a una persona que es atractiva.
2. Expresa cinco maneras de decirle a una persona que no te resulta atractiva.
3. Nombra cinco situaciones en las que es adecuado iniciar un contacto físico, como por ejemplo, dar la mano en un cine.
4. Explica cinco formas correctas y claras de rechazar un contacto físico.

Recuerda lo que has escrito y toma como objetivo llevar a la práctica una de las formas propuestas por ti para uno u otro caso que se te presente. La vida nos depara todo tipo de situaciones y tener prevista una respuesta adecuada suele ser muy útil y ahorrarnos a nosotros y a los demás sinsabores y momentos embarazosos. Es la manera también de evitar sentir culpa, no actuar movidos por tabúes o convencionalismos y ser siempre positivos y fieles a nosotros mismos.

Vivimos inmersos en un sistema cultural que parece definir que aunque los hombres quieren más de ciertas cosas y las mujeres quieren más de otras, todos siempre tendemos a querer más de lo que tenemos. ¿Cómo se soluciona esto? El autor Timothy Miller ha reflexionado sobre el tema en su trabajo *Cómo amar lo que tienes.*

Según este autor, si en algún momento de nuestra historia evolutiva las personas hubiéramos desarrollado el sentimiento instintivo de que una cantidad modesta de riqueza, de nivel social y de amor, resulta suficiente, los genes que producen el sentimiento instintivo de desear más y más, habrían desaparecido paulatinamente del banco genético. Todos somos descendientes de muchas generaciones que tenían el impulso instintivo de seguir esforzándose por alcanzar más riqueza, más nivel social y más amor durante todas sus vidas, por mucho que hubieran conseguido ya, y nosotros los hemos heredado.

El ansia insaciable de «más» no es un delito ni un pecado, ni una tara del carácter, dice este pensador, sino que es universalmente humana. Tenemos la capacidad intelectual suficiente para despreciar o para superar nuestras inclinaciones instintivas si contamos con un motivo suficiente. Las personas aprenden a no beber agua contaminada aunque tengan sed y aunque sepa bien. Del mismo modo, las personas pueden aprender a desear lo que tienen. Para ello su mejor opción es burlarse del instinto y renovar cada día, durante el resto de su vida, su intención de desear lo que tienen.

En efecto, muchas veces deseamos algo que es inalcanzable y lo que tenemos a mano y disponible es mucho mejor. Es de sabios descubrirlo a tiempo.

Capítulo 28

El tabú del dinero
y el reto del amor

El amor es la única riqueza que aumenta con la prodigalidad.

ROMAIN GARY

Antes se pensaba que el peor tabú era el sexo. Hoy, sin duda, es el dinero. ¿Qué, si no, puede desatar tantísimas pasiones irrefrenables? Por eso, aunque nadie nos lo explique, todos aprendemos que es incorrecto mencionarlo, nos limitamos, como máximo, a calcularlo, sin tratarlo abiertamente. Así, cuando el tema económico se interpone en la comunicación de pareja, la misma corre el riesgo de quebrarse.

«Quien paga manda», dice el proverbio y es que el dinero es poder, incluso por norma tradicional, dentro del hogar. En muchas familias el proveedor principal de ingresos todavía es el que decide. Pero, ¿quién puede confiar y amar a alguien que le impone una manera determinada de vivir? Nadie puede y, por esa razón, los abusos de poder se pagan con pérdidas de afecto.

Ciertamente, es fácil que alguien obedezca de forma indiscutible si, por ejemplo, se le apunta con una pistola. Eso da un poder total sobre su voluntad, pero si se desea que, además, abrigue buenos sentimientos, es preferible optar por un sistema más dialogante.

Por absurda que sea la tradición de entablar una lucha de fuerza con la persona amada, resulta más popular que la de negociar. La prueba es que, en la mayoría de parejas, cada uno milita en un bando opuesto: el ahorrador se especializa en impartir normas y promulgar la devoción al ahorro, vaticinando profecías catastróficas y pintando un futuro amenazante.

El otro va convirtiéndose, poco a poco, en la parte dedicada al derroche que elude toda cooperación. Una vez establecidas las dos fuerzas opuestas, la tirantez se dispara. Cada uno deviene la caricatura de sí mismo y la unión entra en bancarrota, no económica, sino emocional.

¿Cómo abordar el tabú del dinero preservando el amor? Los tabúes se hacen más poderosos cuanto menos se habla de ellos. La pareja que puede conversar sobre sus incomprensiones monetarias las supera y se une aún más.

Nunca se insistirá lo bastante en la fuerza de la comunicación serena, respetuosa y honesta. Las personas, al sincerarse mutuamente, se dan cuenta de que el dinero es sólo un botón, cuyo resorte activa sentimientos agudos y que, lo esencial, son las carencias afectivas que éste genera y no las cifras monetarias en sí mismas.

Al hablar, activamos una válvula de escape, pues las emociones pierden presión al ser expresadas. Es conveniente tratarlas con claridad diciendo frases como, por ejemplo: «Lo que me angustia de tu actitud ante el tema financiero» o «me da rabia ver la forma que tienes de gastar dinero» o «siento pánico cuando...». He aquí tres trucos para mantener un diálogo productivo:

- **Empezar a cavar el pozo antes de tener sed.** Es decir, estipular unas situaciones adecuadas y suficientes para mantener conversaciones sobre dinero, estableciendo, así, la norma tácita de que es algo sobre lo que cada uno puede expresarse y obtener comprensión. Si no, se acabará por discutir igual, pero en los momentos de peor tensión.
- **Ponerse en la piel del otro.** Comprenderse implica ver las razones que tiene la pareja para actuar como lo hace. Reparar en que, por ejemplo, el que tiene más tendencia a consumir

no lo hace porque se proponga arruinar la economía de pareja y, si bien puede que uno de los dos gane menos dinero, la razón no es, necesariamente, su contumaz indolencia. Jugar al cambio de roles, interpretando fielmente el discurso del otro, su forma de moverse y hasta de respirar, genera una fuerte empatía y comprensión mutua. Suele bastar media hora de representación para notar que, si el otro gana, los dos ganan.

- **Funcionar en equipo.** Los extremos cooperan mejor. Es preferible agradecer primero al otro que equilibre nuestra tendencia, pues con esto le motivamos y le hacemos nuestro aliado. ¿Para qué llamarle irresponsable cuando deja las tarjetas de crédito «echando humo»? Es mejor decirle: «Me alegra tener una persona a mi lado tan serena que jamás se angustia por temas pecuniarios, alguien que se preocupa de temas más interesantes. Pero me disgusta que para permitirnos no pensar en el dinero yo necesite trabajar tanto».

Seguramente, porque hemos venido a este mundo a algo más profundo que a cuidar nuestras finanzas, lograr entendernos y amarnos es lo más conveniente que podemos hacer.

Capítulo 29

El contacto físico y el amor

Los humanos recordamos los olores y los contactos físicos asociándolos a pensamientos.

THERESA L. CRENSHAW

Todos sabemos que el contacto físico es tranquilizador y reconfortante. Cuando una persona padece escasez de caricias, reacciona de forma distinta si es hombre que si es mujer, pero casi siempre reacciona mal.

En los hombres, la ausencia de contacto corporal con otra persona tiende a hacerlos más agresivos y a tener aversión o fuerte rechazo por el contacto físico no sexual, con lo cual su carencia corre peligro de agravarse. En las mujeres, la consecuencia de no recibir caricias suele ser un sentimiento de tristeza y desarrollar aversión por el contacto sexual.

En ambos casos, la ausencia de contacto físico puede volver a las personas depresivas, irritables, taquicárdicas, hipertensas y un largo etcétera.

Igual que muchas personas morían de escorbuto sin saber que unas simples naranjas les hubiera salvado la vida, las personas que no tienen ningún tipo de contacto físico con nadie, a menudo ignoran lo sencillo que es el remedio que necesitan. Pueden estar tomando antidepresivos cuando les bastaría con intercambiar contacto físico con alguien conocido.

Lo cierto es que el potente bienestar que nos suministra el tacto humano, nos hace liberar una hormona llamada oxitocina, que nos permite sentirnos muy bien.

¿Qué es la oxitocina?

El contacto físico altera la composición química de nuestra sangre. Además de proporcionarnos una sensación agradable, provoca la secreción de endorfinas, unos opiáceos que nuestro cuerpo produce naturalmente para protegernos del dolor. En el lóbulo posterior de la glándula pituitaria se segrega un péptido llamado oxitocina, que aumenta la sensibilidad al contacto y, además, lo promueve.

El nivel de oxitocina sube cuando alguien nos toca. Esta hormona, entre otras, es la responsable de que las parejas creen lazos duraderos.

Si pasamos el tiempo suficiente en contacto con alguien, la oxitocina puede subir de nivel en nuestro organismo sólo con pensar en esa persona, sin necesidad de que esté presente, por lo que, parece ser, dicha sustancia química es la que hace realidad el amor típicamente humano.

La oxitocina, asimismo, nos hace sentir muy bien, vinculados sentimentalmente y nos vuelve olvidadizos y menos capaces cognitivamente, lo que ayuda a olvidar las tensiones. Es, en suma, la hormona del contacto y el enlace: del amor.

Pero lo interesante es que, para mejorar nuestra vida, podemos inducir de modo natural la presencia de oxitocina con nuestra decisión de tocar a alguien.

Los hombres, las mujeres y la oxitocina

La testosterona es una hormona esteroide masculina que determina, además de las características físicas del género masculino, la tendencia a la independencia y a la agresividad, aumenta la seguridad y la confianza en uno mismo y potencia los pensamientos específicamente sexuales.

Está comprobado que las mujeres ejecutivas tienen un nivel más alto de testosterona, y las mujeres que padecen escasez son excesivamente inseguras.

Los estrógenos –hormonas femeninas–, son secretados por los ovarios y actúan como antidepresivos, además de potenciar la producción de oxitocina. También mantienen y fomentan la firmeza de la piel, protegen de la lordosis, previenen la depresión y mejoran los sentidos del olor y del sabor.

Dado que los niveles de estrógeno se van acompasando con las alzas cíclicas de progesterona, –en esencia una hormona masculina–, durante las dos semanas previas a la menstruación, los cambios de estos niveles hormonales son los responsables de modificaciones en los esquemas de respuesta de las mujeres.

Son las hormonas como la oxitocina y la vasopresina, las que aproximan a ambos sexos favoreciendo la unión. Durante el orgasmo, tanto hombres como mujeres, aumentan su nivel de oxitocina. Esto explica la sedación subsiguiente, que a las mujeres no les suele afectar muy intensamente y a los hombres, menos acostumbrados a la misma, los relaja o duerme más rápidamente.

Las conductas de pareja se encuentran mucho más condicionadas biológicamente de lo que, en principio, podamos pensar. Hombres y mujeres responden de forma muy distinta, aunque el placer y el conocimiento de cómo funcionan pueden llevarles a encontrarse.

La experiencia del orgasmo pleno. El vínculo del placer

Los niveles máximos de oxitocina se dan durante el orgasmo y durante el parto. En ambas situaciones se liberan descargas de oxitocina, la cual desencadena en las mujeres contracciones uterinas. Es curioso que tal como demostraron las mediciones llevadas a cabo en el laboratorio de Masters y Johnson, las contracciones uterinas desencadenadas por la oxitocina debidas al orgasmo son casi tan potentes como las del parto.

Tanto en hombres como en mujeres aumenta la secreción de oxitocina de forma directa estimulando los pezones. Así, por ejemplo, la lactancia genera esta sustancia, causando placer, relajación y reforzando la unión de la madre y el niño gracias a sus efectos generadores de olvido, de modo que también puede contribuir a apartar el recuerdo de los sinsabores del alumbramiento en ambos. La oxitocina diluye el recuerdo del dolor así como el de las hostilidades, potenciando las uniones afectivas.

Los cantantes conocen la agradable sensación de liberar una voz natural, permitiendo que vibren los músculos de todo el cuerpo. Cuando se abre la zona pelviana, se deja paso a intensas pulsiones sexuales, ya que existe una relación entre la apertura de la pelvis y la de la garganta. El que una mujer desbloquee su pelvis repercute rápidamente en que emita una voz más distendida y profunda. Una voz tensa y superficial delata una tensión pelviana.

El médico Alexander Lowen, creador del análisis bioenergético, aportó la distinción entre «clímax», para describir las contracciones musculares genitales y «orgasmo», para describir la ola de distensión placentera que invade todo el cuerpo y que se da sólo cuando la persona se abandona plenamente a la experiencia sexual completa.

Para este profesional, el orgasmo auténtico nunca es superficial y cuando las mujeres hablan de experiencias orgásmicas múltiples, están refiriéndose a reacciones o clímax genitales superficiales. Para Lowen un clímax es lo que la gente llama un orgasmo poco profundo o superficial.

Un factor importante para lograr orgasmos plenos es dejar que la energía se extienda a todos los músculos del cuerpo. Siempre, según opinión de Lowen, el clímax es un alivio de tensión sexual, pero el orgasmo es una satisfacción profunda que sólo puede experimentar quien participa «con el corazón», es decir, dejando que la vibración y el ritmo hagan palpitar todo el cuerpo, desde los pies a la cabeza en una entrega total. Esta pérdida de control o abandono, conduce a la pareja al gozo y la plenitud, conectando a cada uno de sus integrantes con la espiritualidad de sus cuerpos y reforzando su vínculo.

EJERCICIOS DE REFLEXIÓN

1. Cierta señora vive sola en una bonita torre a las afueras de la ciudad, tiene 45 años y no mantiene relación con ningún hombre. Pasa su tiempo libre sola. Su profesión es la de jefa de equipo en un establecimiento comercial, donde coordina a 20 dependientas. ¿Qué ha de hacer para aumentar sus contactos físicos? (Escribe cinco ideas que se te ocurran y anota: «1» cuando cada una de ellas sea, posible y «2», cuando sea, muy razonable.
2. Piensa en alguna figura carismática del mundo del espectáculo y describe cinco hipótesis que tengas como explicación de por qué su conducta física la hace ser tan irresistible para el público.
3. ¿Por qué crees que las personas que tocan menos son las que tienen más vergüenza de tocar? Expresa cinco razones.

El objetivo de los anteriores ejercicios es aprender a través de la primera pregunta cómo aumentar la forma de establecer contactos, por más aislada que una persona se encuentre. En el caso de la segunda pregunta, se trata de reconocer cómo el atractivo físico que se emite hacia los demás, aunque sean desconocidos, parte de la propia actitud y de los gestos físicos propios. Por último, el tercer ejercicio hace meridianamente claro el axioma que afirma que quien menos tiene, menos recibe. El aliciente está en que, si se invierte esta relación, es decir, se toca y acaricia más a otros, se recibe más, o, como mínimo, en igual medida.

Tenlo por seguro, no temer al contacto es fundamental para obtenerlo.

EJERCICIOS DE ACCIÓN

1. Haz una lista de cinco acciones concretas y físicas que llevarías a cabo con personas del sexo opuesto que conozcas si no tuvieras que preocuparte de las consecuencias.
2. Apunta las cinco ventajas que podrías obtener haciendo cada una de ellas.
3. Escoge una de esas acciones y escribe cinco razones para hacerla de verdad. (Razona como si quisieras convencer a alguien muy tímido).

El objetivo de estos ejercicios es crear las circunstancias adecuadas para llevar adelante una acción que te apetece y que piensas que resultará gratificante, sin más dilaciones.

Teresa L. Crenshaw, en su libro *La alquimia del amor y el deseo*, discurre sobre el tema que trata este capítulo de una manera sumamente clara y amena. A continuación transcribimos uno de sus párrafos adaptados.

La oxitocina es una droga y como todas, crea habituación y abstinencia, aunque naturales. Si una chica ha recibido en su familia mucho afecto físico en la infancia y al llegar la pubertad, ve como dejan repentinamente de tocarla, se enfrenta a una privación aguda de oxitocina, lo que le produce un hambre táctil que puede explicar, por ejemplo, una tendencia compulsiva a relacionarse con muchachos.

Los chicos no están tan acostumbrados, ni son adictos, a la sensación placentera de ser tocados y de su colega la oxitocina. Pero su meta testosterónica de orgasmos implica muchos contactos. Mientras tienen este objetivo apremiante, sólo disfrutan de la ternura que se encuentren por el camino.

Son años de caricias y juegos preliminares, de aprovechar de las ventajas de las salas de cine, las horas de canguro, las noches en que los padres salen, los asientos de atrás de los coches y otros lugares oscuros y precariamente privados, que suelen proporcionar la mayor cantidad de contactos tiernos de la vida. Luego éstos, dejan lugar a la satisfacción sexual que el hombre ha estado anhelando.

En efecto, como señala la autora citada, la forma y frecuencia de proporcionar caricias a varones y niñas es otra de las diferencias culturales que impone la sociedad y que, lamentablemente, pueden condicionar la vida afectiva adulta de hombres y mujeres. Conviene, entonces, tener claro que tocar es bueno y sano, seas del sexo que seas y tengas la edad que tengas. Lánzate a acariciar porque recibirás a cambio caricias, es decir, magníficas gratificaciones que agradece la piel, los sentidos y el corazón.

Capítulo 30

Confianza y libertad sexual. Implicación del orgasmo pleno

Es absurdo pensar que la experiencia sexual tiene que ser exactamente de cierto modo para ser correcta.

ALEXANDER LOWEN

Tener un orgasmo no es la única forma de quedar satisfechos, aunque llegado cierto punto de excitación lo parezca; lo que es más importante es el conjunto del proceso, además del resultado final. El orgasmo depende del sistema nervioso autónomo, nadie llega al orgasmo sólo por voluntad. Buscarlo puede producir un efecto contraproducente, el secreto del éxito radica en no ansiarlo demasiado y relajarse para que se produzca de forma natural.

Seis condiciones y consejos para que una pareja disfrute del sexo

1. **Protagonismo.** Saber que su disfrute depende de uno mismo, que se es parte activa y decisiva. Alguien no estará disponible para el orgasmo si no conoce su cuerpo y no se siente bien en él, aunque se encuentre con la pareja mejor dotada y más experta del mundo. En el sexo, como en todo, sólo hay un camino para el alto rendimiento, la propia práctica eficiente.
2. **Sensualidad.** Saber que no existe una zona concreta que mecánicamente desencadene el orgasmo, sino que todo el cuer-

po es una zona erógena potencial y se debe conocer el propio mapa erótico y sus zonas más excitables. Quien comprende esto es sensual, sabe que todas las condiciones de su cuerpo pueden colaborar en hacerle llegar al éxtasis. Aprecia la anticipación del placer desde cualquier detalle: temperatura, luz, sonido, olor, roce, presión...

3. **Respirar libremente,** de una forma desbloqueada, es requisito indispensable para sentir orgasmos plenos. Consiste en dejar que el aire entre profundamente empujando el diafragma hacia abajo. Ejercita imaginando que un canal de energía conecta tu nariz y tu pubis. Cuando el aire entra, hasta el fondo y adentro, te atraviesa el cuerpo llegando a balancear el pubis hacia atrás y, al salir por completo, te distiende todo el abdomen en un agradable balanceo que devuelve la pelvis a su lugar. (La sensación es como de «sorber el aire» y fue llamada por Lowen «reflejo orgásmico»).

4. **Afectividad.** Conectar sensación y emoción. Relacionar ciertas formas de ser tocados con sentimientos. (Unas pueden ser irritantes, otras, euforizantes y, otras, tiernas). Escuchar, reconocer y entender cómo nos hace sentir emotivamente el trato sexual. Juega con tu pareja a tocaros de diferentes formas fuera del contexto sexual. Todas las formas de contacto promueven la unión de cuerpo y sentimiento.

5. **Recreo.** Disfrutar del proceso de excitación en sí, no sólo como un medio para llegar al orgasmo. Esto permite reconocer cuándo llega el punto de excitación máximo que desencadenará el proceso orgásmico sin vuelta atrás, y frenar allí. Saber que cuanto más largo es el proceso previo, más pleno tiende a ser el orgasmo. Controlando tu respiración y reteniéndola unos segundos, puedes alargar tu placer previo al orgasmo.

6. **Confianza.** Saber que estar disponible al orgasmo implica capacidad de entregarse al ritmo, la cadencia, la respiración y las palpitaciones del placer sin inhibirlas, para lo que se nece-

sita una actitud mental de confianza. (El miedo a la dependencia, al poder, al abuso del otro, dificulta esta capacidad de abandono). Sé consciente de que la confianza es selectiva por naturaleza. Intentar disfrutar del orgasmo con alguien que te maltrata de alguna forma o que por lo que sea no te ofrece garantías, implica falsedad y traición hacia uno mismo.

En suma, saber que somos un cuerpo, no se ha visto aún a nadie sin el suyo, aumenta el placer y el placer aumenta el amor, pues lo bueno para nuestro cuerpo es bueno para nosotros, y amor y placer son la parte esencial de una misma cosa: la vida.

EJERCICIOS DE REFLEXIÓN

1. Enumera diez términos que describan a alguna persona que se siente protagonista.
2. describe, con diez palabras, a alguien que es sensual.
3. Enumera diez ventajas de respirar libremente.
4. Cita diez formas de cultivar la proximidad afectiva con alguien.
5. Escribe diez costumbres que promuevan la mutua confianza.

EJERCICIOS DE ACCIÓN

1. Lleva a la práctica alguna de las formas de cultivar la proximidad afectiva citadas en el cuarto ejercicio de reflexión con tu pareja y expresa en qué sentido tu intento fue decisivo a la hora de determinar la respuesta del otro.

Disfrutar de una vida sexual plena depende de la confianza y la capacidad de desarrollar la intimidad de una pareja. No es una cuestión de mayor pericia de los individuos que la integran. Conseguirlo supone una mejora de todos los aspectos de la vida, tanto física como intelectual. El secreto es encarar el sexo con libertad, sin prejuicios, como cualquier otro aspecto del amor y, como ya hemos visto, todos ellos sumados y en la combinación adecuada, son los que determinarán el grado de realización y felicidad que seamos capaces de alcanzar.

Capítulo 31

La pareja que va bien

El amor es ciego; la amistad, cierra los ojos.

ANÓNIMO

Se considera razonable construir un matrimonio con el amor como único motivo, pero ésta es una idea relativamente nueva, que apareció en el siglo XVIII. Antes, las personas se casaban por motivos materiales y hacerlo sólo por estar enamorados hubiera sido considerado propio de personas que no estuvieran en sus cabales.

Actualmente damos al amor romántico un protagonismo absoluto. Pero ni siquiera tenemos muy claro qué es el amor exactamente. La prueba crucial de una pareja tiene lugar cuando empieza a convivir. Bajo un mismo techo, todos los problemas y las diferencias que van surgiendo hacen que la idealización del otro se desvanezca y dan paso a una visión bastante más objetiva.

Es entonces cuando el amor deja de ser eso tan ilusionante, para pasar a ser una tarea cotidiana. Las parejas que salen adelante, saben cultivar una amistad, utilizando amplias dosis de inteligencia emocional.

¿Qué hace que una pareja funcione?

Muchas personas creen que las parejas que funcionan son las que duran más. Pero hay muchos matrimonios que viven docenas de años en común sin considerarse ninguno de los dos contentos con la relación. Siguen juntos por causas externas al matrimonio, como los beneficios sociales de tener pareja, ventajas económicas, etcétera.

Cuanto más difícil les parece poder reconstruir su vida –en solitario o con otro compañero–, más improbable es que tomen una decisión y se separen.

Para determinar si una pareja funciona bien debemos saber la satisfacción que logran en ella ambos miembros, aunque esto es algo subjetivo. Decimos que un matrimonio funciona cuando cada uno de sus componentes cree obtener más beneficios que costos del mismo o, lo que es lo mismo, piensan que su vida en común les compensa.

Una relación de pareja se podría definir como un intercambio. Para que funcione, ambas partes han de considerar que ganan algo, al mismo tiempo que dan.

La razón por la que hay tantas parejas insatisfechas es que la mayoría de personas aún son inconscientes de cómo con su propia negatividad refuerzan la negatividad del otro. Así, es común encontrar parejas que llevan años «castigándose» porque no reciben lo que desean, empleando enormes esfuerzos en culpar al otro y en hacerse las víctimas. Ésta es una batalla imposible de ganar, pues se crea una relación viciada.

Las personas satisfechas en sus matrimonios, por el contrario, aprenden que les compensa satisfacer a su pareja y lo hacen. Pero, como en todo, para que alguien aprenda realmente a hacer algo bien, ha de saber cómo hacerlo. De lo contrario, por mucho que le refuercen, será imposible que actúe. Un paso previo para el éxito en este sentido es que ambos miembros de un matrimonio o pareja, desarrollen las siguientes habilidades:

- **Diálogo.** Poder hablar el mismo lenguaje. El diálogo sirve para apoyarse y comprenderse mútuamente. Las parejas que funcionan, hablan, se cuentan sus vivencias, ideas y sentimientos, exponiendo también sus diferencias de opinión de forma constructiva.

- **Saber solucionar conflictos.** La vida, en general, y la vida en pareja, en particular, es como una carrera de obstáculos. A medida que solucionamos uno, aparece otro. Algunas personas cometen la ingenuidad de creer que el amor es la panacea universal. Al surgir los problemas, se sienten muy decepcionados y echan la culpa a la relación, al otro o a cualquier causa en vez de solventar la situación. Deberían tener en cuenta que, si bien hay conflictos que desaparecen sin haberse dialogado, casi siempre lo hacen a costa de un deterioro de la relación. Pero, cuando se habla, es prácticamente seguro que se está en camino de resolverlos. Por ejemplo, ella traía a comer a una amiga los sábados sin consultarle a él. Él dejó de ir a comer a casa los sábados. Ella dejó de invitar a su amiga. Él se alegró. Este conflicto concreto no apareció más, pero en él quedó fijada la falsa idea: «Si desaparezco un tiempo, se impone mi opinión». Por su parte ella aprendió: «Debo someterme porque me juego el abandono».

  Si bien el problema parece resuelto sin necesidad de diálogo ha surgido otro mucho más amenazante y que deteriora enormemente la relación. De haber hablado con sinceridad y objetividad, las cosas hubieran podido negociarse sin estropear la confianza mutua, es decir, la calidad de la relación. En una pareja que funciona existe la buena voluntad de intentar comprender al otro, para resolver conflictos.

- **Normativas.** Los humanos somos seres civilizados que vivimos en casas que deben limpiarse y con personas que deben cuidarse. Para convivir, debe estar claro qué es lo que se espera de cada uno y compartir las cosas de una forma que permita a ambos sentir que están dando en función de lo que reciben. En las parejas que funcionan se acuerda verbal y claramente lo que cada uno espera del otro. Es importante porque siempre se van creando normas tácitas de convivencia y éstas, deben satisfacer mínimamente a los dos.

Hemos visto que lo que hace que una pareja sea satisfactoria es que sus miembros crean que les reporta más beneficios o refuerzos que costos. De ello se deriva que, para que una pareja mejore su índice de satisfacción, es conveniente hacer que proporcione el mayor número de beneficios o refuerzos posibles como los que se sugieren a continuación:

- **Expresando aprecio con palabras.** Agradeciendo, halagando, apreciando. Por ejemplo, «Te queda mejor el pelo», «qué flores tan bonitas», «estoy orgullosa de ser tu mujer», «suerte que solucionaste el problema a tiempo», etcétera.
- **Acariciándose físicamente.** Haciendo gestos de cariño, que son aún más fuertes y eficaces que los anteriores, tales como, sonrisas, miradas mientras se escucha al otro, darle la mano, hacerse cosquillas, caricias, masajes, etcétera.
- **Haciendo cosas por el otro.** Lo que llamamos tener amabilidad. Estos gestos son doblemente valiosos cuando se reciben sin haberlos pedido: dejarle una nota simpática, dar una sorpresa agradable o un obsequio inesperado, ayudarle con parte de su trabajo, etcétera.

Las personas que tienen un matrimonio que funciona saben que la otra persona no puede saber lo que quieren si no se lo dicen, de modo que le dan a conocer sus ideas, explicando si son las caricias físicas la forma más estimulante de motivarles o los gestos o palabras, y ensayan distintas maneras en su repertorio para irse superando.

Saben que todo es tan simple como un intercambio de gratificaciones, de manera que lo más eficaz es usar el premio porque anima al otro a cuidar la relación y no el castigo, que desalienta al otro a hacerlo.

Los cuatro enemigos de la comunicación satisfactoria

Cuando la comunicación se deteriora lo hace, generalmente, atravesando cuatro zonas de problemas, consecutivamente:

1. **Las críticas** son los ataques personales al otro. Hacen que se sienta insultado. Por el contrario, las quejas bien formuladas son necesarias para la comunicación funcional. Por ejemplo: «Es un desastre lo desordenado/a que eres» sería una crítica. Una fórmula más positiva, sería: «cariño, me alegra saber que tienes cosas más importantes que hacer, pero, por favor, no tires tu ropa sucia al suelo». Con la crítica, la persona se siente rechazada y se desanima respecto de poder satisfacer al otro. Si aprendemos a emitir las quejas concretas, diciendo siempre antes algo amable y sin alterarnos, animamos al otro a satisfacernos.

2. **Los desprecios** son ataques «de hecho» al otro, pueden estar velados, pero siguen siendo igual de hirientes o más que los anteriores. Una forma típica es el humor destructivo o el cinismo. Por ejemplo: «Dios, no acierto a saber cómo fui a liarme contigo». Los desprecios pueden ser no verbales, poner los ojos en blanco, hacer una mueca, etcétera.

3. **La actitud defensiva** es interpretar lo que hace el otro pensando en lo peor. Aparece tras un período en el que han abundado los dos anteriores. La persona, para evitar continuar siendo herida, parte de que el otro no quiere hacerla feliz. Por ejemplo: «¿Quieres ir al cine esta tarde?» es una pregunta que puede llevar a pensar: «¿qué querrá pedirme que está tan amable?».

4. **La actitud impasible** es la que adoptan algunas personas cuando la comunicación está ya muy deteriorada, y consiste en no dar muestras de que se escucha al otro, lo que le hace sentir una frustración enorme. Las mujeres que hablan con una pareja que adopta la «actitud impasible», sufren una aceleración en el ritmo cardíaco y una profunda rabia. Es obvio que una actitud tan agresiva destruye la comunicación de la pareja, y de una mala comunicación a la incomunicación total hay sólo un paso.

Diez sugerencias para comunicarse satisfactoriamente

1. **Expresar los sentimientos** de forma directa y clara.
2. **Hacer preguntas** sobre las conductas que adopta el otro. Para ayudarle a explicarse y aclarar las cosas.
3. **Demostrar que se escucha atentamente.** Mirando, mostrándose relajado/a, asintiendo, repitiendo el sentido de sus palabras, si el tema lo requiere, etcétera.
4. **Empezar diciendo algo positivo.** Como, por ejemplo, «me encanta que seas sociable y que tengas tan buenos amigos. Sé que sientes mucho aprecio por ellos, pero prefiero que me consultes antes de invitarlos».
5. **Utilizar un lenguaje no verbal positivo.** Acercarse, hablar en tono suave, tomar la mano, etcétera.
6. **Discutir sólo un problema a la vez.**
7. **Preguntar** al otro las conductas que piensa adoptar.
8. **Hablar sólo por uno mismo (yo).** «Cuando me riñes porque no cuelgo la ropa, (yo) me siento infantil», sería lo correcto. «Tú me haces sentir infantil», no lo es.
9. Incluir la **autocrítica**.
10. **Intentar** comprender cómo se siente el otro o **empatizar**.

El amor es, indudablemente, un motor poderoso en una relación, pero tan responsable como éste para que la misma funcione, es la comprensión. Comprender a otro es conocerle, saber cómo siente y piensa, qué le agrada y qué le preocupa. El refrán «hablando se entiende la gente», es quizás en el ámbito de la relación de pareja una de las verdades más universales. Hay que hablar con el otro y, además, hacerlo desde un ángulo de respeto y cariño. Sólo así se pueden formular críticas, quejas o tocar temas dolorosos y, por supuesto, además siempre se debe hablar cuando lo que queremos decirle a nuestra pareja es lo grato que nos resulta compartir nuestra vida con ella.

EJERCICIOS DE REFLEXIÓN

1. ¿Por qué crees que, a medida que la gente se hace mayor, le es más difícil hacer amigos nuevos?
2. ¿A dónde crees que lleva la máxima «triunfa en el trabajo y todo lo demás vendrá solo»?
3. ¿Qué puede influir en que un hombre y una mujer se hagan confidentes? (Cita cinco características).
4. ¿En qué se nota que una mujer es fuerte y que un hombre es fiable?

EJERCICIOS DE ACCIÓN

1. Analiza la vida de una familia que hayas conocido y consideres típicamente feliz. ¿En qué se nota que lo son?
2. Piensa en las tres parejas más felices que conoces y busca denominadores comunes de personalidad entre sus integrantes: hombre, mujer, hijos, si los hay. Describe cómo es su convivencia, a la hora de comer, de opinar, de divertirse, de discutir incluso.
3. Busca calificativos para las actitudes de esas familias o parejas de lo que jamás harían y de lo que siempre harían. Por ejemplo, «jamás se insultarían, porque discuten con serenidad y respeto por el otro».
4. Si la relación con alguien fuese una planta ¿cómo la cultivarías? Escribe diez acciones de «cultivo» y realiza una durante los próximos días.

Los anteriores ejercicios te ayudan a analizar la realidad de personas que conoces, aplicando lo que hemos expuesto en este capítulo. El último ejercicio de acción te servirá para que tú pongas en práctica la forma de hacer crecer, ya que eso es cultivar, una relación, sea ésta de amistad, compañerismo o amor.

Apéndice

Decálogo para que el futuro no atropelle el amor

1. **Anticiparse a la crisis.** El momento de discutir es cada día, no la última reunión en el despacho del matrimonialista.

2. Como todo en el mundo, **las dos personas que componen la pareja también cambian.** Es bueno aceptarlo y llevar el asunto al día, tomar el toro por los cuernos y renegociar los puntos en común a diario.

3. **Es bueno que nuestra pareja cambie,** quiere decir que evoluciona, no necesariamente que nos abandona. Ante todo cambio, se debe pensar lo mejor pues aquéllo en lo que nos fijamos, crece.

4. Intentar **evitar que el otro no cambie es una batalla perdida.** Las personas cambiamos de manera natural, intentar «más de lo mismo» es contraproducente. Cuanto más interés mostremos, por ejemplo, en que nuestra pareja no haga nada sin nosotros, más interés tendrá en hacer cosas por su cuenta.

5. **Proponer alternativas positivas es más constructivo que quejarse de las crisis.** Si se quieren alternativas, debemos idearlas. El cerebro humano es el instrumento de adaptación al cambio más rápido que hay, si se usa para este fin. Dos cerebros cooperando pueden más que uno.

6. **Las crisis** graves de pareja **se generan cuando ambos saben que han de cambiar pero no cómo hacerlo.** Entonces

urge identificar qué conductas se han de modificar y cuáles deben adoptarse para estar mejor.

7. **La relación es un sistema vivo,** requiere unos cuidados de mantenimiento. Ir con tu pareja a sitios agradables, reforzarla, cambiar, incrementar y mejorar la comunicación.

8. **Pedir la verdad** y demostrar que se está preparado/a para oírla. Aunque una nueva situación nos dé miedo, debe afrontarse igualmente. Lo verdaderamente temible es huir. Los cambios suceden aunque metamos la cabeza bajo tierra y seamos los últimos en enterarnos.

9. Para que una relación funcione, **sus dos componentes han de ser capaces de funcionar por sí solos.** Sin la pareja, la vida continuaría. Nos acostumbramos a todo, aunque al principio pensemos que no podremos soportar la soledad, lo cierto es que la experiencia demuestra que luego somos capaces de hacerlo.

10. **La pareja feliz se hace día a día y noche a noche.** No únicamente cuando nos dan las llaves de una nueva casa o a uno de los dos le aumentan el sueldo. Cuando el futuro en común sea motivo de inquietud, debemos recordar que éste será como el presente, pues lo único que permanece es lo que aprendemos acerca del arte de amar.

Invitación al lector

Has adquirido información teórica sobre el amor leyendo este libro y haciendo los ejercicios propuestos. A partir de ahora queda por desarrollar tu experiencia práctica. Lo que has aprendido, en uno y otro campo, me interesa especialmente.

Si lo deseas, puedes ponerte en contacto conmigo para comentar o consultar cualquier duda o sugerencia, te contestaré personalmente.

PAZ TORRABADELLA

Pazmail@teleline.es
Paseo de San Juan, 147 1º 1ª
08037 (Barcelona) España

Bibliografía

Barbara De Angelis, *¿Eres mi media naranja?* Grijalbo Mondadori, Barcelona, 1994.

Lucía Martín, *Tu pareja ideal.* Los libros de Integral. RBA. Barcelona, 1998.

Robert Woods, *Ideas y trucos para la seducción.* Ediciones Robin-Book. Barcelona, 1999.

Otros libros de la autora:

Paz Torrabadella, *Cómo desarrollar la inteligencia emocional.* Los libros de Integral. RBA. Barcelona, 1997.

Paz Torrabadella, *Gimnasia emocional. Cómo equilibrar tu mente equilibrando tu cuerpo.* Ediciones Obelisco. Barcelona, 2000.